Ivan Krastev

Ist heute schon morgen?

Ivan Krastev

Ist heute schon morgen?

Wie die Pandemie Europa verändert

Aus dem Englischen
von Karin Schuler

Ullstein

Besuchen Sie uns im Internet:
www.ullstein-buchverlage.de

ISBN: 978-3-550-20126-4

Covergestaltung: Rothfos & Gabler, Hamburg
www.ullstein.de

Gesetzt aus der Quadraat Pro powered by peyprus.com
Druck und Bindearbeiten: GGP Media GmbH, Pößneck
Printed in Germany

Inhalt

Für Boris, Lilli und Svetoslav Bojilov, und für meine Familie – Yoto, Niya und Dessy. Zusammen haben wir einige unvergessliche Wochen verbracht, eine Quarantäne durchgestanden und über die Corona-Krise nachgedacht, die sich vor unseren Augen entfaltete.

Einleitung

Der graue Schwan

Ich denke, das haben wir alle schon erlebt – das plötzliche Gefühl, in einer der verschiedenen Dystopien zu leben, die uns im Kopf herumschwirren. Wir glauben, von einem Großen Bruder überwacht zu werden oder von einer Art Matrix umschlossen zu sein.

Irgendwann im März 2020, in der zweiten Woche meiner Covid-19-Isolation, mailte ein Freund mir ein amüsantes Mengendiagramm. Es zeigte zwölf einander überschneidende Kreise, die jeweils für eine bekannte Dystopie standen. Da waren sie alle: *1984*, *Schöne neue Welt*, *Der Report der Magd*, *Clockwork Orange* und *Herr der Fliegen*. In der kleinen Fläche, in der sie sich alle überschnitten, stand: »Sie befinden sich hier.« Und tatsächlich – genau dort befinden wir uns. Wir durchleben all diese Albträume gleichzeitig. »Es war in unseres Lebensweges Mitte«, schrieb Dante am Anfang der *Göttlichen Komödie*, »als ich mich fand in einem dunklen Walde; denn abgeirrt war ich vom rechten Wege.«[1]

»So brachte die Pest unseren Mitbürgern als erstes das Exil«, bemerkt der Erzähler in Camus' *Die Pest*,[2] und gerade haben wir eine einigermaßen klare Vorstellung davon, was er damit meint. Eine Gesellschaft in Quarantäne ist eine »geschlossene Gesellschaft« im beinahe wörtlichen Sinn. Wir gehen nicht mehr zur Arbeit, treffen uns nicht mit Freunden und Verwandten, fahren kaum noch mit dem Auto und legen unsere Lebensplanung für die absehbare Zukunft auf Eis.

Überhaupt nicht aufhören können wir dagegen, über dieses Virus zu reden, das unsere Welt für immer zu verändern droht. Wir sind in unserem Heim eingesperrt, geplagt von Angst, Langeweile und Paranoia. Wohlmeinende und auch nicht so wohlmeinende Regierungen verfolgen ganz genau, wohin wir gehen und wen wir treffen, fest entschlossen, uns vor unserem eigenen Leichtsinn wie auch vor dem unserer Mitbürger zu schützen. Nicht genehmigte Spaziergänge im Park können mit einer Geldbuße, ja sogar mit Gefängnis geahndet werden, und der Kontakt mit anderen menschlichen Wesen ist zu einer Bedrohung unserer Existenz geworden. Jemanden ungefragt zu berühren, kommt einem Verrat gleich. Wie Camus feststellte, löschte die Pest »die Erfahrung des persönlichen Lebens« aus, indem sie einem jeden die eigene Verletzlichkeit und Machtlosigkeit, die Zukunft zu planen, vor Augen führte.[3] Nach einer Epidemie sind alle, die noch da sind, Überlebende.

Doch wie lange wird uns dieses noch nie da gewesene Gesellschaftsexperiment im Gedächtnis bleiben? Könnte es sein, dass es für uns in ein paar Jahren nicht mehr ist als eine Art kollektive Halluzination, hervorgerufen durch einen »Mangel an Raum, kompensiert durch einen Überfluss an Zeit«, wie der Dichter Joseph Brodsky die Existenz eines Gefangenen beschrieb?[4]

Die Corona-Pandemie hat sich als klassischer »grauer Schwan« herausgestellt – ein durchaus wahrscheinliches Ereignis, das unsere Welt auf den Kopf stellen kann, uns aber dennoch schockiert, wenn es wirklich eintritt. 2004 konstatierte der Bericht des National Intelligence Council der Vereinigten Staaten, es sei »nur eine Frage der Zeit, bis eine neue Pandemie auftritt, wie das Grippevirus der Jahre 1918/1919, das geschätzt 20 Millionen Menschen weltweit tötete«. Eine solche Pandemie könne »den globalen Verkehr und Handel über längere Zeit zum Erliegen bringen und die Regierungen dazu zwingen, enorme Ressourcen für überlastete Gesundheitssysteme aufzuwenden«.[5] In einem TED Talk sagte Bill Gates im Jahr 2015 nicht nur eine weltweite Epidemie mit einem hochansteckenden Virus voraus, sondern warnte auch, wir seien nicht darauf vorbereitet. Auch Hollywood präsentierte uns Blockbuster-»Warnungen«. Doch es ist kein Zufall, dass es in *Schwanensee* keine grauen Schwäne gibt; »graue Schwäne« sind ein Beispiel für etwas, das voraussagbar, aber undenkbar ist.

Große Epidemien treten eigentlich gar nicht so selten auf, und doch überraschen sie uns immer wieder aufs Neue. Sie wälzen unsere Welt um wie sonst nur Kriege und Revolutionen; dennoch sind Kriege und Revolutionen unserem kollektiven Gedächtnis unauslöschlich eingebrannt, Epidemien sind es nicht. In ihrem wunderbaren Buch 1918 – *Die Welt im Fieber* beschreibt die britische Wissenschaftsautorin Laura Spinney die Spanische Grippe als das tragischste Ereignis des 20. Jahrhunderts, das aber dennoch weitgehend in Vergessenheit geriet. Vor hundert Jahren befiel die Pandemie jeden dritten Erdbewohner, eine überwältigende Zahl von 500 Millionen Menschen. Zwischen dem ersten dokumentierten Fall am 4. März 1918 und dem letzten irgendwann im März 1920 kostete sie zwischen 50 und 100 Millionen Menschen das Leben. Unter den Einzelereignissen mit einem größeren Verlust an Menschenleben übertraf sie den Ersten Weltkrieg (17 Millionen Tote) wie auch den Zweiten (60 Millionen Tote) und tötete womöglich so viele Menschen wie beide zusammen. Doch »auf die Frage nach der größten Katastrophe des zwanzigsten Jahrhunderts lautet die Antwort fast nie: die Spanische Grippe«.[6] Noch überraschender ist, dass selbst die Historiker die Epidemie offenbar vergessen haben. WorldCat, der weltweit größte Buchkatalog, verzeichnete 2017 etwa 80 000 Bücher zum Ersten Weltkrieg (in mehr als 40 Sprachen) und nur etwa 400 zur Spanischen Grippe (in fünf Sprachen). Wie kann es sein, dass eine Epidemie, der mindestens fünfmal so viele Menschen zum Opfer fielen wie dem Ersten Weltkrieg, in 200-mal weniger Büchern behandelt wird? Warum erinnern wir uns an Kriege und Revolutionen, vergessen aber Pandemien, obwohl letztere unsere Wirtschaft, Politik, Gesellschaft und die Architektur unserer Städte ebenso fundamental verändern?

Laut Laura Spinney liegt ein wichtiger Grund darin,

dass es einfacher ist, die Opfer von Kugeln als die von Viren zu zählen, und der gegenwärtige Streit um die Sterblichkeitsrate bei Covid-19 belegt wohl, dass sie damit recht hat. Der andere, meiner Ansicht nach weitaus wichtigere Grund ist, dass man aus einer Pandemie nur schwer eine gute Geschichte machen kann. 2015 stellten die Psychologen Henry Roediger und Magdalena Abel von der Washington University in Missouri fest, dass sich die Menschen meist nur an »eine kleine Zahl auffälliger Ereignisse ... am Anfang, Wendepunkt und Ende« jeder Situation erinnern.[7] Die Geschichte der Spanischen Grippe (oder anderer großer Epidemien) kann man kaum innerhalb einer solchen narrativen Struktur erzählen. Epidemien sind wie Waisenkinder – man kann sich ihrer Herkunft nie ganz sicher sein, und gleichzeitig wie Netflix-Serien – der Endpunkt ist nur eine Pause vor der nächsten Staffel. Die Epidemie verhält sich zum Krieg wie mancher modernistische Text zum klassischen Roman: Ihr fehlt ein klarer Plot.

Unsere Unfähigkeit oder vielleicht unser Widerwille, an Epidemien zurückzudenken, mag auch etwas mit unserer allgemeinen Abneigung gegenüber zufällig erscheinendem Leid und Tod zu tun haben. Die Sinnlosigkeit willkürlich auftretender Schmerzen ist schwer zu ertragen; der Tod der Covid-19-Opfer ist entsetzlich – nicht nur, weil sie keine Luft mehr bekommen, sondern auch, weil niemand den Sinn ihres Sterbens wirklich erklären kann. Im Krieg ist die Verheißung eines heldenhaften Sieges angelegt. Dem patriotischen Narrativ zufolge sterben

Soldaten nicht einfach, sie opfern ihr Leben für andere. Die Geschichte der Kriege ist eine Geschichte von ganz normalen Menschen, die außerordentlichen Mut beweisen, indem sie ihr Leben opfern, um das Leben anderer zu retten. Der amerikanische Philosoph William James nannte den Krieg »die mörderische Kinderfrau, die Gesellschaften den Zusammenhalt beibrachte«.[8] Bei einer Seuche dagegen hat Solidarität nichts Heroisches. Der einzige Weg, sich an Seuchen zu erinnern, besteht darin, sie als Kriege im Gedächtnis zu behalten. Die sogenannten »Pestsäulen« bilden in der Kunstgeschichte eine eigene Kategorie von Denkmälern. Es spricht für sich, dass sie oft als »Monumente, die den Sieg über die Pest feiern«, beschrieben werden.

Beim Kampf gegen Covid-19 geht es nicht um Leben und Tod; um es in den Worten des italienischen Physikers Carlo Rovelli zu sagen »gewinnt der Tod am Ende immer, wir sind sterblich. Es geht vielmehr darum, dass wir uns alle intensiv darum bemühen, einander etwas mehr Zeit für dieses kurze Leben zu geben, das uns trotz aller Leiden und Härten schön erscheint – heute mehr denn je.«[9]

Der Tod, den Covid-19 bringt, ist aber nicht nur sinnlos, sondern auch unwürdig. In allen Quellen aus Pestzeiten wird die Tragödie dadurch, dass die Menschen ohne angemessenes Begräbnis starben, für die zeitgenössischen Chronisten noch größer. Dieses Mal ist es nicht anders.

Die Angst vor Ansteckung hindert viele Familienmitglieder daran, ihre Verwandten auf ihrem letzten Gang zu begleiten, und in vielen Fällen gibt es gar keine Beisetzungsfeierlichkeiten.

Wir haben kaum Anhaltspunkte dafür, wann die Covid-19-Pandemie enden wird, und wir wissen auch nicht, wie sie enden wird. Wenn wir die Spanische Grippe als Maßstab nehmen, ist die Pandemie noch gar nicht richtig angekommen. Wir befinden uns sozusagen erst im Frühsommer 1918 und erleben eine erste, milde Form der Grippe. Das große Sterben und die sozialen Verwerfungen liegen noch vor uns.

Im Moment können wir über die langfristigen politischen und ökonomischen Auswirkungen nur spekulieren. Historiker sagen ganz deutlich, dass »eine richtige Epidemie ein Ereignis, keine Entwicklung ist«;[10] der Medizinhistoriker Charles Rosenberg hat es so ausgedrückt: »Epidemien brechen zu einem bestimmten Zeitpunkt aus, laufen auf einer in Raum und Dauer begrenzten Bühne ab, folgen einer Handlung wachsender Spannung bis zu einem individuellen wie kollektiven Wendepunkt und treiben dann der Auflösung zu.«[11] In diesem Buch vertrete ich die Ansicht, dass Covid-19 unsere Welt tief greifend verändern wird, unabhängig davon, ob wir selbst die Zeit der Pandemie in Erinnerung behalten oder vergessen werden. Die Welt wird eine andere sein, nicht, weil unsere Gesellschaften einen Wandel wollen oder weil ein Konsens über die Richtung des Wandels besteht, sondern weil wir einfach nicht mehr zurückkönnen.

Vor hundert Jahren befiel die Spanische Grippe eine

vom Ersten Weltkrieg auseinandergerissene, erschöpfte und demoralisierte Welt. Auch sie tötete wie ein Krieg – gesunde Erwachsene im Alter zwischen 20 und 40 Jahren starben am häufigsten. Die Epidemie war ein weltweites Ereignis, doch die Menschen behielten sie nicht als ein solches in Erinnerung, weil die Vorstellung einer gemeinsamen Welt in den langen Nächten des Krieges untergegangen war. Die Covid-19-Pandemie verheißt uns ein Ende der Globalisierung, wie wir sie kennen. Wir können nur spekulieren, ob sie das hervorrufen wird, was normalerweise Kriege bewirken, doch egal, was jetzt passiert – wir können sicher sein, dass die Welt von einer »Pandemie der Nostalgie« erfasst werden wird, wenn das Virus schließlich besiegt ist.

Im 17. Jahrhundert galt die Nostalgie, die Sehnsucht nach der Vergangenheit, als ein heilbares, aber ansteckendes Leiden. Kernsymptom war eine Melancholie, die, wie man glaubte, der Sehnsucht nach der Heimat oder nach einer anderen Zeit entsprang. Wer davon befallen war, klagte oft, er höre Stimmen und sehe Geister. Die Patienten bekamen »einen leblosen und verhärmten Gesichtsausdruck« und »eine Gleichgültigkeit gegenüber allem«, sie brachten vergangene und gegenwärtige, reale und fiktive Ereignisse durcheinander.[12] Wenn die Pandemie vorbei ist, werden wir Menschen eine Sehnsucht nach jenen vergangenen Zeiten entwickeln, in denen wir problemlos praktisch jeden Fleck der Welt anflogen, in denen die Restaurants bis auf den letzten Platz besetzt waren und in denen der Tod so unnatürlich wirkte, dass wir unwillkürlich an einen Arztfehler dachten, wenn ein älterer Mensch starb. Die Menschen werden das Bedürfnis verspüren, zur Normalität zurückzukehren, aber sie werden feststellen, dass es ihnen nicht möglich sein wird. Die Welt von Gestern hat auch etwas Verstörendes. Der Unterschied zwischen Vergangenheit und Gegenwart liegt darin, dass wir die Zukunft der Gegenwart nicht kennen, die der Vergangenheit aber schon gelebt haben. Und deshalb wissen wir, dass die Zukunft des Gestern die Covid-19-Pandemie ist, mit der wir uns heute herumschlagen.

Alles schon mal da gewesen?

Im letzten Jahrzehnt haben wir mehrfach gehört, dass die Welt nicht mehr dieselbe sein wird, nicht nur nach 9/11, sondern auch nach der Finanzkrise 2008/2009 und in Europa nach der Flüchtlingskrise 2015. Diese Behauptung ist einerseits einfach eine Voraussage, dass sich viele Dinge ändern werden – aber wie wir wissen, sind Dinge permanent im Wandel begriffen. Es geht bei dieser Aussage allerdings auch um etwas viel Konkreteres: um das Ende der liberalen, nach dem Mauerfall entstandenen Welt, einer durch die weltweite Verbreitung von Demokratie und Kapitalismus geprägten und durch die Macht und den Willen der Vereinigten Staaten und seiner europäischen Verbündeten geformten Welt. In allen vorherigen Krisen waren Propheten zu hören, die die liberale Weltordnung für tot erklärten. In manchen Momenten keimte in uns tatsächlich der Verdacht auf, dass sie womöglich auf der Intensivstation lag, aber die liberale Weltordnung kam immer wieder auf die Beine. Warum sollte es diesmal anders sein?

Mitte März 2020, zutiefst beunruhigt von der Ausbreitung der Pandemie und sicher untergebracht im Landhaus eines Freundes in Bulgarien, ließ mich die Frage, wie Covid-19 die Welt verändern wird, nicht mehr los. Ich glaubte, dass bestimmte Entwicklungen und Konflikte, die schon vor dem Virus da waren, in der Post-Corona-Welt deutlicher zutage treten würden. Ich war der Ansicht, dass Covid-19 ein disruptives, durch den Zusammenbruch der Globalisierung geprägtes Jahrzehnt beenden und tief greifende Veränderungen unserer Politik, Wirtschaft und unserer Lebensweise einläuten werde. Ich sah die Rückkehr des Staates voraus, gestützt durch ein wiederhergestelltes Vertrauen in Fachwissen und naturwissenschaftliche Erkenntnisse. Und ich hatte den Eindruck, dass der Nationalismus wachsen und sich die Grenzen zwischen Demokratie und Big-Data-Autoritarismus verwischen würden. Wie viele andere erwartete ich den Niedergang der globalen Dominanz der USA (wenn auch nicht notwendigerweise einen parallelen Anstieg des weltweiten Einflusses Chinas). Ich war der Auffassung, dass das Coronavirus einige wichtige Annahmen, auf denen die Europäische Union gründet, infrage stellen werde, was zu einer großen Transformation des europäischen Projekts führen könnte. Wenn es schlecht läuft, könnte Covid-19 den Zerfall der Europäischen Union auslösen.[13] Doch wie präzise waren meine ersten Vermutungen?

Der große russische Denker des 19. Jahrhunderts Alexander Herzen hat einmal die berühmten Worte gesprochen, dass »Geschichte kein Libretto hat«, und das habe ich immer genauso gesehen. Während ich also über die möglichen Veränderungen durch Covid-19 nachdachte, fiel mir eine Zeile aus Stephen Leacocks *Nonsense Novels* ein: »Lord Ronald sagte nichts; er stürmte aus dem Zimmer, schwang sich auf sein Pferd und ritt wie verrückt in alle Richtungen davon.« Ich war überzeugt, dass die Welt sich wandeln werde, doch die Richtung des Wandels war nicht festgelegt, und unsere Voraussagen waren sogar noch unzuverlässiger als die schnellen Coronavirus-Tests, die in den Anfangstagen der Pandemie zur Verfügung standen.

Bei dem Versuch, die Richtung des Wandels zu erraten, beschäftigte ich mich wie viele andere Kommentatoren mit der Frage, ob Demokratien oder autoritäre Regime besser mit der Pandemie zurechtkamen, während doch eigentlich klar war, dass das politische System an sich nicht der entscheidende Faktor für einen Erfolg bei der Eindämmung der Pandemie war. Die amerikanische Wissenschaftlerin Rachel Kleinfeld hat das so ausgedrückt: »Ungeachtet aller Versuche von Politikern, die Krise zu nutzen, um ihr bevorzugtes politisches System anzupreisen, zeigen die Fakten bisher keine klare Korrelation zwischen Effizienz und Regierungsform.«[14] Einige Autokratien haben sich anfangs gut geschlagen, wie etwa

Singapur, andere sehr schlecht, wie Iran. Genauso sind einige Demokratien gestrauchelt, wie Italien und die Vereinigten Staaten, während andere wie Südkorea, Deutschland und Taiwan Großes geleistet haben. Kleinfeld nennt in ihrer Analyse die wichtigsten Faktoren für den Erfolg einer Nation, die Covid-19-Pandemie in Schach zu halten: bisherige Erfahrungen der Regierungen im Umgang mit ähnlichen Krisen, das Vertrauen der Gesellschaft in die Regierung und die Leistungsfähigkeit des Staates. Aus Kleinfelds Sicht haben politisch ganz unterschiedliche Regime wie Taiwan, Südkorea, Hongkong und Singapur die richtigen Lehren aus der SARS-Epidemie der Jahre 2002/2003 gezogen und Schnelltests entwickelt, sobald sich das Coronavirus auszubreiten begann, um dem Virus voraus zu sein. Alle vier Länder hatten Notstandsgesetze, die es in dieser Ausnahmesituation erlaubten, nachzuverfolgen, wo die Infizierten gewesen waren. Sie lockerten Datenschutzregeln, um diese Informationen weit zu verbreiten und die Menschen davon in Kenntnis zu setzen, dass sie mit dem Virus in Kontakt gekommen waren und sich testen lassen sollten. Und schließlich setzten sie alle auf eine Zwangsquarantäne, um den Ausbruch der Epidemie zu verlangsamen.

Alle Länder, die Covid-19 wirksam zurückdrängen, zeichnen sich durch ein großes öffentliches Vertrauen in ihre Institutionen aus. Der Erfolg sozialer Kontrolle vonseiten des Staates hängt stärker von freiwilliger Regelbefolgung als von staatlichem Zwang ab. China, Singapur und Südkorea haben sehr unterschiedliche politische Systeme, doch alle drei zählen zu den Top Ten, wenn es um das Vertrauen der Öffentlichkeit in die Regierung geht. Und nur Regierungen, denen ihre Bürger trauen, können einen belastenden Lockdown wirksam aufrechterhalten.

Umgekehrt hat im autoritären Iran wie im demokratischen Italien die Einführung des Social Distancing größere Probleme hervorgebracht, weil die Öffentlichkeit dort ihren Institutionen nur wenig Vertrauen entgegenbringt. Politische Polarisierung und ein geringes Vertrauen in die Institutionen erklären, so Kleinfeld, zumindest teilweise auch die Schwierigkeiten der Vereinigten Staaten im Umgang mit der Krise.

Die Leistungsfähigkeit einer Regierung – ihre Fähigkeit, kompetent durchzugreifen, von der Kommunikation und Gesundheitsvorsorge bis hin zur Durchsetzung von Quarantänemaßnahmen und zur Ausrüstungsproduktion – ist Kleinfelds dritter entscheidender Faktor für eine erfolgreiche Reaktion auf die Krise. Und die Leistungsfähigkeit einer Regierung hängt nur vage mit dem Bruttoinlandsprodukt oder dem politischen System zusammen. Entscheidend ist die Qualität der Verwaltung, nicht die Größe des Staatsetats und noch nicht einmal die Höhe der Gesundheitsausgaben.

Kleinfelds Forschungen zeigen, dass die Corona-Pandemie zwar den Propagandawettstreit zwischen demokratischen und autoritären Systemen verstärkte, die Reaktion auf das Coronavirus jedoch die Grenzen zwischen verschiedenen Regimetypen verwischte. Demokratische Regime waren nicht weniger bereit, die Privatsphäre ihrer

Bürger zu verletzen, als autoritäre. Gleichzeitig war klar, dass autoritäre Herrscher ebenso viel Interesse an den Reaktionen der Öffentlichkeit hatten wie demokratische Politiker, die um ihre Wiederwahl fürchteten. Der britische politische Philosoph David Runciman beschreibt es so: »In einem Lockdown offenbaren Demokratien, was ihnen mit anderen politischen Regimen gemeinsam ist: Auch hier geht es in der Politik letztlich um Macht und Ordnung.«[15] Mit anderen Worten ist der Wandel, den Covid-19 bringt, keine neue Version – ob autoritär oder demokratisch – vom »Ende der Geschichte«, sondern führt wahrscheinlich zu einer weniger ideologischen, aber instabileren Welt.

Seien wir realistisch – fordern wir das Unmögliche

Es gibt Momente, in denen sich unsere Gewissheiten auflösen und sich unsere kollektive Vorstellung von dem, was möglich ist, dramatisch ändert. Die Menschen beginnen die Gegenwart zu ignorieren und stattdessen über die Zukunft nachzudenken – die Zukunft, die sie sich erhoffen, oder die Zukunft, die sie fürchten.

Ein Virus war nötig, um die Welt auf den Kopf zu stellen: Während ich hier schreibe, ist die EU zeitweise eingestellt, und die Bürger suchen Zuflucht in der Sicherheit des Nationalstaats; die Demokratie macht Pause, während in den meisten europäischen Ländern Notstandsgesetze gelten. Die Parlamentarier wurden nach Hause geschickt, Demonstrationen verboten, Wahlen verschoben, und Oppositionsparteien haben ihre politische Relevanz verloren. Auch der Kapitalismus liegt zeitweise auf Eis. Die Arbeitslosenzahl steigt in ungeahnte Höhen, und die Krise der Weltwirtschaft ist verheerender als die Finanzkrise von 2008/2009. Tatsächlich ist die »Einmischung« der Regierungen in die Märkte größer als jemals nach 1989, und »zeitweilige Verstaatlichungen« sind die neue Normalität.

Heute können wir uns alles vorstellen, weil wir von etwas bedrängt werden, das als unvorstellbar galt. Plötzlich ist es nicht mehr schwer, sich vorzustellen, dass die Vereinigten Staaten eine flächendeckende Krankenversicherung einführen können, dass China in den nächsten Jahren die Vereinigten Staaten als wichtigste Weltmacht ablösen kann, dass der russische Präsident Wladimir Putin die Macht in Russland verlieren kann oder dass die Europäische Union in sich zusammenbrechen oder sich zu einer Art »Vereinigte Staaten von Europa« entwickeln kann. Während die Flugzeuge am Boden bleiben und die Fertigungsstraßen in den großen Fabriken, die die Umwelt verschmutzen, stillstehen, beginnen Klimaaktivisten zu glauben, dass ihre Träume von einer CO_2-armen Welt möglich sind. Und da die Grenzen zwischen EU-Mitgliedsstaaten geschlossen sind, beginnen viele Rechtspopulisten zu glauben, dass sie sich womöglich nie wieder öffnen.

Die kanadisch-amerikanische Filmemacherin und Aktivistin Astra Taylor hat es so ausgedrückt: »Die Reaktion auf die Coronavirus-Pandemie hat eine einfache Wahrheit offenbart: So viele politische Maßnahmen, von denen uns unsere gewählten Repräsentanten lange erklärt haben, sie seien unmöglich und nicht umsetzbar, waren schon immer durchaus möglich und umsetzbar. Jetzt wissen wir, dass die ›Regeln‹, nach denen wir gelebt haben, unnötig waren ... Dies ist eine nie da gewesene Gelegenheit, nicht nur einfach die Pausentaste zu drücken und den Schmerz zeitweilig zu lindern, sondern die Regeln auf Dauer zu ändern.«[16]

Doch diese Gelegenheit birgt auch eine große Gefahr in sich.

Es ist kein Geheimnis mehr: Die Menschen werden durch ihre »schwache Vorstellungskraft beherrscht«.[17] Paradoxerweise hat die Covid-19-Krise die politische Vorstellungskraft der Öffentlichkeit entfesselt, die politische Vorstellungskraft der Eliten dagegen gelähmt. Die Regierungen sahen sich zu einer Reihe außerordentlicher politischer Maßnahmen gezwungen, doch sie regieren noch immer in der Erwartung, dass die Welt zu dem vorherigen Zustand zurückkehren wird, sobald die Krise vorbei ist.

Die Rückkehr des Unbewältigten

In der Politik ist es nicht wie in der Kunst. In der Kunst »tötet gewohnheitsmäßige Wahrnehmung«, wie der russische Literaturtheoretiker Wiktor Schklowski schrieb.

»Die Automatisierung frisst die Dinge auf, die Kleider, die Möbel, die Ehefrau und die Angst vor dem Krieg.«[18] Laut Schklowski besitzt ein Kunstwerk die Fähigkeit, das Vertraute unbekannt aussehen zu lassen, und zwingt uns, das Gewöhnliche mit neuen Augen zu sehen. Politik funktioniert andersherum, sie lässt uns das Unbekannte vertraut erscheinen. Kunst weckt beim Betrachter das Interesse am »Normalen«, während die Politik das Außergewöhnliche trivialisiert.

In diesem Kontext zwingt Covid-19 die Politiker, von ihrem üblichen Modus operandi abzuweichen. Um die öffentliche Meinung zu mobilisieren und die Menschen davon zu überzeugen, dass hier eine unvergleichliche Krise wütet, müssen die Politiker darauf beharren, dass es so etwas noch nie gab – und das selbst in Ländern, in denen die Zahl der Infizierten und der Toten sehr niedrig ist, wie momentan in meiner Heimat Bulgarien. Um die Öffentlichkeit davon zu überzeugen, dass die Politik in der Lage ist, der Krise in all ihren vielen Dimensionen Herr zu werden, neigen europäische Regierungen aber parallel dazu, Covid-19 als die gleichzeitige Wiederkehr der drei vorherigen Krisen darzustellen, die den alten Kontinent in den letzten Jahrzehnten erschütterten – Terrorismus, die Finanzkrise und die Flüchtlingskrise.

Indem sie das Virus zum »unsichtbaren Feind« erklärten und die Überwachungstechnologien einsetzten, mit denen sie zuvor Terroristen aufgespürt hatten, um die Ausbreitung der Epidemie nachzuverfolgen, vermittelten die Regierungen den Menschen den Eindruck, das Coronavirus sei eine neue Form des Terrorismus. Auf ähnliche Weise brachte die Grenzschließung zwischen EU-Mitgliedsstaaten als Reaktion auf die Pandemie die Erinnerung an die Flüchtlingskrise und die Angst vor einem um sich greifenden ethnischen Nationalismus zurück. Und während die Pandemie den Nationalstaat weiter stärkte, besteht die Gefahr, dass die politischen Führer das durch diese Krise ausgelöste besondere Wesen des Nationalismus nicht erkennen.

Verfolgt man nun die Debatte um die Euro-Bonds, kann man schließlich zu der Überzeugung kommen, dass wir heute nichts anderes als die Wiederkehr der Finanzkrise von 2008/2009 erleben. Die ökonomischen Folgen ähneln zwar in vieler Hinsicht denen der Finanzkrise, doch die Wirtschaftswissenschaftler sind übereinstimmend der Meinung, dass die gegenwärtige Wirtschaftskrise nicht einfach schwerer ist, sondern sich grundständig von der vorherigen unterscheidet. Die Covid-19-Pandemie hat globale Lieferketten unterbrochen und eine gleichzeitige Krise von Angebot und Nachfrage hervorgerufen, die zu hohen Arbeitslosenzahlen führen wird. Der britische Wirtschaftshistoriker Adam Tooze meint dazu: »Eine solche Bruchlandung hat es noch nie gegeben. Das ist etwas völlig Neues. Und es ist entsetzlich.«[19] Die Bürger reagieren in der Corona-Krise auf die Einschränkung ihrer Rechte durch die Regierungen auch deutlich anders als beim »Krieg gegen den Terror«. Und der von Covid-19 ausgelöste Nationalismus ist etwas völlig anderes als der ethnische Nationalismus im Gefolge der Flüchtlingskrise.

Doch getrieben von dem Instinkt, die Unsicherheit in den Griff zu bekommen, indem sie das Unbekannte vertraut aussehen lassen, verschließen die Politiker lieber die Augen vor der Neuartigkeit der Krise. Damit ignorieren sie die Gefahr, dass die bitteren Spaltungen in Europa wiederaufleben werden, wenn sie die Corona-Krise einfach wie eine weitere Rezession behandeln, und setzen stattdessen auf politische Maßnahmen, die damals funktionierten, sich heute aber als wirkungslos erweisen könnten.

Dieses Buch enthält keine Voraussage darüber, wie die Post-Covid-19-Welt aussehen wird. Es ist kein Manifest darüber, wie diese Welt sein sollte. Es hat einzig und allein das Ziel, die Corona-Krise als ein neues Phänomen zu analysieren, das sich fundamental von den drei vorangegangenen Krisen unterscheidet. Es ist auch kein Buch über die Welt, es ist ein Buch über Europa. Die Corona-Krise ist eine globale Krise im wortwörtlichen Sinn. Sie wird den globalen Süden wahrscheinlich besonders schwer treffen; das Welternährungsprogramm der Vereinten Nationen hat davor gewarnt, dass sich die Zahl der Menschen, die unter einer unsicheren Lebensmittelversorgung und Hunger leiden, bis Ende 2020 auf 265 Millionen verdoppeln könnte. Womöglich werden wir eine Welle politischer und militärischer Konflikte erleben, womöglich neue Migrationswellen. Doch gerade in Europa wird Covid-19 seine vielleicht radikalste politische Wirkung entfalten, weil die Pandemie die Grundlagen des europäischen Projekts hinterfragt, vor allem die Überzeugung, dass eine gegenseitige Abhängigkeit die verlässlichste Quelle von Sicherheit und Wohlstand ist. Deshalb glaube ich, dass die Europäische Union danach nicht mehr dieselbe sein wird. Sie könnte zerfallen. Sie könnte sich in eine Art Heiliges Römisches Reich des 21. Jahrhunderts verwandeln. Sie könnte aber auch strategische Autonomie erlangen. Die Europäische Union ist immer ein Kind der Globalisierung gewesen, doch gerade die Gefahr der Deglobalisierung könnte zu Konsolidierung und weiterer Integration führen. Eines aber ist klar: Dies ist keine Krise, in der sich die EU einfach so durchwurschteln kann.

Kapitel Eins

»Bleiben-Sie-zu-Hause«-Nationalismus

Anfang April 2020 bemerkte die italienische Journalistin Chiara Pagano trocken: »Italien ist jetzt abgeschotteter, als Matteo Salvini sich das je erträumt hat.«[20] Damit hatte sie nicht ganz unrecht. Im Laufe einer einzigen Woche wurden wegen Covid-19 mehr europäische Grenzen geschlossen als in der Flüchtlingskrise 2015. Im März sank die Zahl der Flugreisen in Europa um atemberaubende 97 Prozent im Vergleich zum Vormonat. Viele Liberale sehen in diesem Rückgang des Reisens eine Tragödie mit gewaltigen Folgen; das Coronavirus hatte den Kontinent mit einem unheilbaren Nationalismus infiziert, der jetzt das Überleben der Europäischen Union bedrohte, und die heimtückische Ausbreitung der Pandemie bekräftigte den geheimnisvollen Zauber geschlossener Grenzen.

Die Flüchtlingskrise des Jahres 2015 hatte die Fundamente des europäischen Projekts ins Wanken gebracht, indem sie die Spaltung verstärkte zwischen jenen, die Bewegungsfreiheit befürworteten, und jenen, die darauf drängten, die Staatsgrenzen zu schließen. Die Kluft zwischen Ost- und Westeuropa vertiefte sich. Im Laufe der

Krise verlor eine Mehrheit der Europäer das Vertrauen in den angeblichen Wert der Globalisierung. Der Tourist und der Geflüchtete wurden zu Symbolen für das Janusgesicht der globalisierten Welt.

Der Tourist steht beispielhaft für das Positive der Globalisierung und wird mit offenen Armen empfangen. Als wohlmeinender Fremder kommt er, gibt sein Geld aus, bewundert die Schönheiten des Landes und geht wieder. So gibt er uns das Gefühl, mit einer größeren Welt verbunden zu sein, ohne uns seine Probleme aufzuladen. Der Geflüchtete dagegen repräsentiert das Bedrohliche der Globalisierung.[21] Er kommt, niedergedrückt vom Elend der weiten Welt. Er ist unter uns, ist aber keiner von uns. Er erhebt Ansprüche auf unsere Ressourcen und zwingt uns, uns mit den Grenzen unserer Solidarität auseinanderzusetzen.

Touristen anziehen und Migranten abweisen – das ist grob verkürzt die Weltordnung, die Europa sich wünscht. Doch in der Corona-Pandemie versammeln sich noch immer Geflüchtete an den Toren Europas, während die Touristen verschwunden sind. Und wahrscheinlich wird die Krise langfristig dafür sorgen, dass der Druck auf die Grenzen Europas durch den freien Fall der Wirtschaft weiter wächst.

Der globale Süden wird wohl das größte Opfer der Konjunkturflaute sein. Die Preise für Rohstoffe sind im freien Fall, und der Wert der Auslandsüberweisungen wird wohl um etwa 20 Prozent zurückgehen, verglichen mit 5 Prozent in der globalen Finanzkrise 2008. Der Abzug ausländischer Investitionen wird dazu führen, dass die Menschen Chancen außerhalb ihrer Heimatländer suchen. Gleichzeitig ist kaum zu erwarten, dass die Touristen in näherer Zukunft nach Europa zurückkehren. Die Europäer werden mehr Migranten an ihren Grenzen antreffen – zu einer Zeit, in der die Grenzschließungen kein Ausdruck mangelnder Solidarität sind, sondern vielmehr eine geopolitische Version des Social Distancing. Das könnte möglicherweise zum Sieg des ethnischen Nationalismus und des fremdenfeindlichen Populismus in der europäischen Politik führen.

Die Europäische Union ist aus der brutalen Feuerprobe des europäischen Nationalismus hervorgegangen, was erklärt, warum so viele Proeuropäer eine starke Abneigung gegen jede Idee haben, der auch nur der leichteste Hauch von Nationalismus anhaftet. Die Angst der Liberalen, dass die Corona-Pandemie zu einem Ausbruch des Nationalismus führen wird, ist nur allzu verständlich, vor allem wenn wir uns vor Augen halten, dass Epidemien historisch gesehen oft mit Fremdenfeindlichkeit einhergingen. Und wie nicht anders zu erwarten, sind solche Ausbrüche auch in der gegenwärtigen Pandemie keine Seltenheit. In Italien gab man den eingewanderten Chinesen die Schuld am sogenannten »Wuhan-Virus«. In historischer Perspektive allerdings wird man sich mit Blick auf die frühen Phasen dieser Pandemie weniger an den Anstieg der Fremdenfeindlichkeit erinnern als vielmehr daran, dass der ethnische Hass politisch nicht Fuß fassen konnte.

Wie wir schon gesehen haben, ist die durch die Corona-Krise ausgelöste »nationale Abschottung« der Situation in der Flüchtlingskrise von 2015 nicht unähnlich. Verschiedene Themen rund um die Migrationsdebatte sind wieder in den Vordergrund gerückt, doch der »Bleiben-Sie-zu-Hause-Nationalismus« ist seinem Wesen nach etwas ganz anderes als der ethnische Nationalismus.

Wo ist »zu Hause«?

Die meisten von uns haben selbst nie einen Krieg, einen Militärputsch oder eine Ausgangssperre miterlebt, doch wir alle wissen instinktiv, dass in einem Moment größter Gefahr der Impuls da ist, die Schließung der Staatsgrenzen zu akzeptieren. Indem sie die Grenzen schließen, erklären Politiker ihre Bereitschaft, Verantwortung dafür zu übernehmen, was in ihrem Staat geschieht. Und die Menschen suchen nicht nur Zuflucht in ihrem Heimatland, sondern auch in ihrer Muttersprache. Psychologen haben gezeigt, dass Menschen in Momenten großer Gefahr oft zu ihrer Muttersprache zurückkehren. Ich selbst habe als Kind in Bulgarien aus den zahllosen sowjetischen Filmen über den Zweiten Weltkrieg eine wertvolle Lektion gelernt: Zu den gefährlichsten Momenten für sowjetische Spioninnen in Hitler-Deutschland gehörte die Entbindung, weil sie unter den Wehenschmerzen unwillkürlich ins Russische verfielen.

Die Aufforderung, »zu Hause zu bleiben«, hat die

Menschen ermutigt, ihr Zuhause nicht nur pragmatisch zu definieren – als den besten Ort, um dort zu leben und zu arbeiten –, sondern auch metaphysisch. Das Zuhause ist der Ort, an dem wir uns in einer Zeit großer Gefahr am liebsten aufhalten möchten. Als mir und meiner Familie klar wurde, dass uns eine längere Zeit des Social Distancing bevorstand, beschlossen wir, durchaus überraschend für mich, nach Bulgarien zurückzugehen. Das war in vieler Hinsicht keine rationale Entscheidung. Wir haben zehn Jahre lang in Wien gelebt und gearbeitet und lieben die Stadt; das österreichische Gesundheitssystem ist weitaus zuverlässiger als das in Bulgarien und wir haben Freunde in der Stadt, auf die wir uns in einer Krise verlassen können. Was uns dennoch nach Bulgarien zurückbrachte, war die Einsicht, dass, wenn wir »zu Hause bleiben« sollen, Bulgarien für meine Frau und mich dieses Zuhause ist. In einer Krisenzeit wollten wir näher bei den Menschen und Orten sein, die wir schon unser ganzes Leben lang kennen. Und wir waren nicht die Einzigen; 200 000 Bulgaren, die sonst nicht im Lande lebten, taten dasselbe. Für viele von ihnen war »zu Hause« einfach nur ein Raum, groß genug, um darin ein paar Wochen durchzuhalten.

Die Grenzen zu schließen ist nicht einfach ein uralter Instinkt; es ist auch der traditionellste Weg, eine Epidemie zu bekämpfen. Die Staaten praktizieren auf diese Weise ihr »Social Distancing«. Im Jahr 1710 beschloss Joseph I., Kaiser des Heiligen Römischen Reiches, eine Epidemie zu blockieren, die sich vom Balkan her ausbreitete, indem er einen »*cordon sanitaire*«, ein Isolationsgebiet, entlang der Südgrenze des Habsburgerreichs mit dem Osmanischen Reich anlegte. Damit war er im Großen und Ganzen erfolgreich. Es rettete ihm selbst aber nicht das Leben; er starb 1711 an den Pocken. Die Einschränkungen der Bewegungsfreiheit im Reich blieben jedoch bis weit ins 19. Jahrhundert hinein bestehen.

> »In der Mitte des 19. Jahrhunderts beschützten etwa 2000 befestigte Wachtürme im Abstand von je etwa 800 Metern die Grenze, durchbrochen von nur 19 Grenzübergängen mit Einrichtungen, in denen jeder, der ins Land wollte, registriert und wenigstens 21 Tage lang untergebracht und isoliert wurde, bevor er einen Pass für das Reichsgebiet ausgestellt bekam. Die Quartiere wurden täglich mit Schwefel oder Essig desinfiziert und Handelswaren danach eingestuft, wie groß die Gefahr war, dass sie Keime übertrugen. Agenten der Habsburger im Osmanischen Reich lieferten Geheimdienstinformationen, die den Beamten die Anpassung der Quarantänezeiten oder sogar die zeitweilige Aussetzung der Quarantäne erlaubten. Die Regeln wurden streng durchgesetzt. Ein englischer Beobachter schrieb: ›Wenn man es wagt, die Quarantänegesetze zu brechen, wird man mit militärischer Eile verurteilt; das Gericht brüllt einem von einem Tribunal, das etwa 50 Meter weit weg steht, den Urteilsspruch zu … und danach wird man gewissenhaft erschossen und schlampig verbuddelt.‹«[22]

In den Tagen der europäischen Flüchtlingskrise 2015 kam

der Nationalismus in Gestalt eines kulturellen Krieges daher. Es ging um »wir« gegen »sie«, und der Ton war aggressiv und ausschließend. Nationalisten sprachen besorgt von der Zerstörung ihrer nationalen Kulturen durch Fremde. Bulgaren, die außerhalb von Bulgarien lebten, gehörten zu »uns«, während Minderheiten im Lande – von denen viele seit Jahrhunderten dort lebten – als Fremde galten. Covid-19 hat diesen kulturellen Nationalismus durch einen an der öffentlichen Gesundheitsvorsorge orientierten Nationalismus ersetzt – mit einer umgekehrten Fremdenfeindlichkeit, die ihrem Wesen nach territorial und inklusiver ist. Der Fremde ist nicht mehr derjenige, der nicht hier geboren wurde, sondern derjenige, der jetzt nicht hier ist – der Wohnsitz ist wichtiger als der Pass. Portugal ist ein großartiges Beispiel für diese Entwicklung. An ebendem Tag, an dem die portugiesische Regierung einen Lockdown für das Land verhängte, erklärte sie auch, dass alle Ausländer, deren Asyl- oder Einbürgerungsanträge noch nicht bewilligt waren, mindestens bis zum 1. Juli wie Personen mit dauerhafter Aufenthaltsgenehmigung behandelt werden sollten. In der Flüchtlingskrise wurden öffentliche Debatten in vielen Ländern dadurch angefacht, dass man das Bild jener Massen heraufbeschwor, die noch nicht gekommen waren – aber kommen könnten. In dieser Krise geht es einzig und allein um diejenigen, die schon im Lande sind.[23]

In seinem Buch *Once Within Borders*[24] versteht der amerikanische Historiker Charles S. Maier Territorium als eine soziopolitische Erfindung, die es den Menschen erlaubt, regiert zu werden, und ihnen eine Identität gibt, die über die ihrer Herkunft hinausgeht. Er schreibt: »Territorium ist damit ein Entscheidungsraum. Es begründete die Reichweite von Gesetzgebung und kollektiven Entscheidungen. Gleichzeitig legte es den Geltungsbereich starker kollektiver Loyalitäten fest … Im Zeitalter der Globalisierung hat das Territorium seine Bedeutung als ›Entscheidungsraum‹ zum Teil verloren.«[25] Viele von uns arbeiten und leben heute nicht im Heimatland, das allerdings seine Anziehungskraft als ›Identitätsraum‹ behalten hat. Durch den von Covid-19 ausgelösten »Bleiben-Sie-zu-Hause-Nationalismus« ist das Territorium auch wieder zum Entscheidungsraum geworden.

In meinem Buch *Europadämmerung* habe ich dargelegt, dass die fremdenfeindliche Hysterie, die die Reaktion auf die Flüchtlingskrise von 2015 in Mitteleuropa kennzeichnete, im Trauma der Emigration wurzelte: Viele junge Osteuropäer zogen nach dem Ende des Kalten Krieges in den Westen, um dort zu leben und zu arbeiten. Auch in der gegenwärtigen Krise findet man Ängste vor Entvölkerung und ein Gefühl, im Stich gelassen zu werden. Die Corona-Pandemie hat den Exodus des medizinischen Personals aus Mittel- und Osteuropa schonungslos aufgedeckt. Fast die Hälfte aller Ärzte und Pfleger in Ländern wie Bulgarien sind über 50 Jahre alt. Doch während die Bulgaren, Rumänen und Polen in der Flüchtlingskrise davon träumten, dass ihre Landsleute zurückkehren würden, hoffen sie in den dunklen Tagen von Covid-19, dass sie erst zurückkommen, wenn das Virus besiegt ist.

Landsleute, die aus coronaverseuchten Regionen zurückkehrten, waren ebenso wenig willkommen wie Ausländer, und die Regierungen machten deutlich, dass sie in der Pandemie nur für diejenigen Bürger die Verantwortung übernehmen werden, die sich dafür entschieden haben, innerhalb der Stadtmauern zu bleiben. Für bulgarische Bürger, die aus welchen Gründen auch immer beschlossen haben, sich außerhalb der Landesgrenzen aufzuhalten, betrachtet sich ihre Regierung nicht länger zuständig.

In diesem Sinn waren die frühen Phasen der Corona-Krise nicht durch die Kritik von »Einheimischen« an Fremden geprägt, sondern durch die Wut der Landbevölkerung auf die Invasion der »Zweitwohnungsbesitzer«. Regelmäßig berichteten die Medien über wohlhabende Stadtmenschen, die sich aus den Epizentren der Krise in ihre Zweitwohnsitze zurückzogen, wo die Nähe zur Küste oder zu den Bergen die Unannehmlichkeiten der Isolation milderte – und eine anständige Internetverbindung die Arbeit aus der Ferne erlaubte. Die Einheimischen jedoch reagierten wütend auf sie, weil sie fürchteten, sie würden das Virus in Gebiete mit weniger Krankenhäusern einschleppen, die einer Krankheitswelle nicht gewachsen wären – und damit ältere Einheimische mit geringem Einkommen in Gefahr bringen. Frankreich mit seinen 3,4 Millionen Zweitwohnungen ist ein anschauliches Beispiel für ein Land, in dem die Entscheidung der wohlhabenden Mittelschicht, aus den großen urbanen Zentren zu fliehen, als ein weiteres Zeichen für die Arroganz und den Egoismus der Leute mit Geld gesehen wurde.

Die unbehagliche Ironie dabei ist, dass Zweitwohnungen in Europa an sich ein Vermächtnis der Pest sind. Nach den ersten Ausbrüchen des Schwarzen Todes im 14. Jahrhundert begannen viele Städter im Italien der Renaissance in Landgüter zu investieren, auch, um eine zuverlässige Nahrungsmittelversorgung in Krisenzeiten sicherzustellen. Sie verbrachten immer mehr Zeit auf dem Lande, vor allem in den Sommermonaten, in denen die Pest am schlimmsten wütete. Das Leben im Landhaus erfreute sich bei reicheren Familien wachsender Beliebtheit. In der gegenwärtigen Pandemie sind Zweitwohnsitze wieder zu sicheren Häfen geworden, und diesmal sind die Ortsansässigen gar nicht erfreut darüber.

Der Aufschwung eines pandemiegetriebenen Nationalismus hat entscheidend zur wiederauflebenden Bedeutung des Nationalstaats beigetragen. Nach dem Zusammenbruch von Lehman Brothers und Bear Stearns 2008 glaubten viele Beobachter, dass ein Misstrauen in die Finanzmärkte unweigerlich zu einem größeren Vertrauen in den Staat führen werde. Das Konzept war nicht neu. 1929, nach dem Beginn der Weltwirtschaftskrise, forderten die Menschen ein entschlossenes Eingreifen der Regierungen, um die Versäumnisse des Marktes auszugleichen. In den 1970ern war es andersherum: Die Menschen waren enttäuscht von staatlichen Eingriffen und deshalb erstarkte der Markt, bevor er im nächsten Jahrzehnt mit voller Wucht zurückkehrte – Reagan und Thatcher führten den Kreuzzug an. Das Paradoxon der Finanzkrise von 2008/2009 besteht darin, dass das Misstrauen gegenüber dem Markt nicht zur Forderung nach größeren Staatsinterventionen führte. Obwohl »Occupy«-Aktivisten in aller Welt sehr daran interessiert waren, Politik und Gesellschaft neu zu denken, bekam der Staat nicht den Auftrag, sich dieser Verantwortung zu stellen.

Europas ideologische Erfahrungen mit ökonomischer Rezession finden sich in einer Geschichte in Giovanni Boccaccios *Decamerone* wieder: Giannotto di Civignì macht es sich zur Aufgabe, seinen Freund Abraham, einen Pariser Juden, zum Christentum zu bekehren, um seine Seele zu retten. Eines Tages reist Abraham nach Rom, nicht ohne Giannotto vorher zu verkünden, dass er über eine eventuelle Konversion erst entscheiden will, nachdem er die Kirchenführer gesehen hat. Giannotto, der sich der Verderbtheit des katholischen Klerus bewusst ist, verliert die Hoffnung, dass Abraham den Schritt tun wird. Doch nach seiner Rückkehr wechselt Abraham die Religion: Er ist zu dem Schluss gekommen, dass das Christentum das wahre Wort Gottes sein muss, wenn es selbst mit einer so korrupten Spitze noch Erfolg haben kann.

Wir erkennen vielleicht, dass es mit dem Neoliberalismus nach der weltweiten Finanzkrise 2008/2009 ähnlich war. Viele Europäer dachten, dass der Neoliberalismus die wahre Religion wäre, falls er es irgendwie schaffte, die wirtschaftliche Verheerung unbeschadet zu überstehen, die er mitverursacht hatte. Doch nur ein Jahrzehnt später hat Covid-19 die Menschen dazu gebracht, die Rolle des

Staates in ihrem Leben neu zu bewerten. Als eine Folge der Corona-Pandemie verlassen sie sich darauf, dass ihre Regierung das öffentliche Gesundheitswesen organisiert, und sind davon abhängig, dass Regierungsinstitutionen ihre im freien Fall befindliche Wirtschaft retten. In einer interessanten Wendung wird die Effektivität von Regierungen heute an ihrer Fähigkeit gemessen, das Alltagsverhalten der Menschen zu verändern; im Kontext dieser Krise ist Untätigkeit das sichtbarste Zeichen emsiger Aktivität. Die Menschen haben eine Bereitschaft bekundet, signifikante Einschränkungen ihrer Rechte hinzunehmen, aber sie nehmen es nicht hin, wenn Regierungen nicht bereit sind, Maßnahmen zu ergreifen.

Wenn wir davon ausgehen, dass die Corona-Krise Ähnlichkeiten mit der europäischen Flüchtlingskrise aufweist, sind zwei Aspekte unter den Tisch gefallen. Zum einen gibt die Politik des Social Distancing den Nationalregierungen zwar außergewöhnliche Vollmachten. Sie stärkt aber auch die Präsenz der Kommunalverwaltungen und der regionalen Identitäten. Zum Zweiten kann die Abschottung der Nationalstaaten die Grenzen des Nationalismus aufzeigen. In einer Zeit, in der die Sorge um die Wirtschaft die öffentliche Debatte beherrscht, erkennen die Europäer vielleicht, dass – anders als im 19. Jahrhundert – der Nationalismus wirtschaftlich nicht tragbar ist. Die Vereinigten Staaten und China können die Illusion der Autarkie ihrer Wirtschaft aufrechterhalten, und auch die Europäische Union könnte von einer vorsichtigen »Deglobalisierung« profitieren, doch kleine europäische Nationalstaaten hätten keine Chance. Die Europäer werden bald merken, dass der einzige Schutz, den sie haben, jene Form von Protektionismus ist, die ihr Zusammenschluss mit dem Rest des Kontinents bietet.

Zu Hause, in verschiedenen Zimmern

Auf den ersten Blick wirkt das Coronavirus grundsätzlich egalitär. Anders als etwa die Cholera nimmt es nicht die armen Leute in überfüllten städtischen Mietshäusern mit kontaminierter Wasserversorgung ins Visier. Es macht keine Unterschiede und greift Arme wie Reiche gleichermaßen an. Bei näherem Hinsehen jedoch ändert sich diese Wahrnehmung. Das Virus ist auf Gesellschaften gestoßen, die von verschiedenen Formen der Ungleichheit zerrissen sind, und erste Daten aus den USA zeigen überzeugend, dass Einkommen und Ethnizität einen großen Einfluss darauf haben, wer daran stirbt. Stephen Holmes argumentiert, dass die Pandemie eher die ungleiche »Gefahrenverteilung« in der Gesellschaft – sozialer Abstieg bis ins Grab – aufzeigt als nur die ungleiche Verteilung von Ressourcen und Aufstiegschancen.[26]

Das Coronavirus behandelt vielleicht nicht alle gleich, doch es stärkt die Vorstellung, wenn nicht sogar die Tatsache, dass wir alle in derselben Welt leben. Anders als in der Finanzkrise können die Reichen und Mächtigen diesmal nicht ihr Geld nehmen und verschwinden. Die Flughäfen sind geschlossen, die Eliten haben keinen Notausgang. In der Zeit der Seuche gibt es keine Unterschiede zwischen den global und vernetzt denkenden großstädtischen »Anywheres« und den in traditionellen Werten wie Familie, Heimat und Nation denkenden »Somewheres«, wie der britische Publizist David Goodhart sie nennt.[27] Das Coronavirus hat uns alle auf die gleiche Stufe gestellt, und diesmal suchen die »Menschen von überall« verzweifelt nach ihrem »Irgendwo«. Doch dass wir in derselben Welt leben, heißt noch nicht, dass wir in einer gemeinsamen oder einer fairen Welt leben. In normalen Zeiten können die Eliten reisen. In der Zeit von Covid-19 können sie zu Hause bleiben.

Im klassischen Albtraum des 20. Jahrhunderts drohte ein Atomkrieg alle Menschen gleichzeitig zu töten. Im Fall des Coronavirus allerdings riskieren jene jungen Europäer, die in ihrem jugendlichen Leichtsinn beschließen, während der Pandemie zusammen zu feiern, nur einen leichten Husten – während ihre Eltern und Großeltern Gefahr laufen, am Virus zu sterben. In dieser Hinsicht ähnelt die Pandemie dem Klimawandel – sie ist eine globale Katastrophe, die uns alle unterschiedlich betrifft. Wenn der Terrorismus eine asymmetrische Bedrohung darstellt, weckt das Coronavirus asymmetrische Ängste. Der französische Soziologe Bruno Latour hat eine überzeugende Erklärung dafür, dass populistische Politiker wie Donald Trump die existenzielle Bedrohung der globalen Erwärmung leugnen. Es geht nicht darum, dass sie dem Problem gegenüber blind sind oder dass sie der Wissenschaft nicht trauen. Was sie stört, ist die Aussage, dass wir entweder alle überleben oder alle sterben, während ihre politische Intuition eigentlich von einem Nullsummenspiel ausgeht: Damit manche Menschen überleben, sollten andere sterben. Sie lehnen den liberalen Internationalismus ab, weil er verspricht, dass eine globale Zusammenarbeit uns alle retten kann.[28] Eine ähnliche Logik sehen wir in ihrer Reaktion auf Covid-19. Wie der Klimawandel Orte und Menschen aufgrund ihrer Geografie unterschiedlich betreffen wird, macht auch Covid-19 Unterschiede, wenn es um »Vorerkrankungen« geht, die zum Beispiel in den Vereinigten Staaten auch daraus resultieren, dass man schwarz oder arm ist.

Das Coronavirus macht auch beim Alter Unterschiede und hat deshalb eine starke Wirkung auf die Dynamik zwischen den Generationen. In den Debatten über die Risiken des Klimawandels sind die Jungen hart mit der Generation ihrer Eltern ins Gericht gegangen, weil sie die Zukunft angeblich nicht ernst genommen hat. Das Coronavirus kehrt diese Dynamik um: Ältere Mitglieder der Gesellschaft sind verletzlicher und fühlen sich bedroht von der mangelnden Bereitschaft der Jungen, ihren Lebensstil zu ändern. Wenn die Krise noch lange andauert, wird sich dieser Generationenkonflikt verstärken. Gleichzeitig hilft uns Social Distancing, zu verstehen, wie unsere Eltern und Großeltern leben – schon vor der Pandemie »blieben sie zu Hause«. Als ich mit meiner Mutter sprach, wurde mir klar, dass sie schon vor der Pandemie die meiste Zeit daheim verbracht hatte, wo sie sich vor dem Tod fürchtete, betete, dass ihre Ärzte für ihren Job gut gerüstet waren, und wie alle Großmütter darauf wartete, dass ihre Enkel anriefen.

Das Coronavirus ist weitaus gefährlicher, wenn sich alte Menschen damit infizieren, doch die ökonomischen Auswirkungen der Pandemie werden besonders die jüngere Generation betreffen. Eine neue Studie aus den USA hat gezeigt, dass überraschenderweise 52 Prozent der Menschen unter 45 aufgrund der Pandemie einen Job verloren haben, in unbezahlten Urlaub geschickt wurden oder weniger Stunden arbeiten. Und erst vor einem Jahrzehnt wurde die jüngere Generation im Westen von der Finanzkrise gebeutelt. Millennials in Südeuropa haben mit Mitte dreißig schon zwei große Krisen hinter sich. 40 Prozent der jungen Italiener und die Hälfte der jungen Spanier hatten in der Mitte des letzten Jahrzehnts keine Arbeit. In den Vereinigten Staaten reden die ersten Forscher schon von der »Generation C«, wobei das »C« für Coronavirus steht. Diese Generation wird von der Pandemie geprägt werden, von den Neugeborenen über Schüler und Studenten bis hin zu jenen, die gerade ihre erste Stelle antreten. Diese Generation wird womöglich in einer katastrophalen Rezession aufwachsen.

Das Virus hat nicht nur bestehende soziale und politische Spaltungen verstärkt; es hat auch neue hervorgebracht. Als Regierungen überall auf der Welt Lockdown-Maßnahmen beschlossen, stellten Beobachter schnell fest, dass Social Distancing für viele Menschen ein Mittelschicht-Luxus war. Viele hielten es auch für etwas ganz anderes: Auf einem bei rechten Anti-Lockdown-Demonstranten in Amerika beliebten Plakat steht »Social Distancing = communism«. Gespalten ist die Gesellschaft auch zwischen denen, die »systemrelevante« Arbeit verrichten, und denen, die von zu Hause aus arbeiten können. Die auf den ersten Blick reizvolle Idee, Antikörpertests durchzuführen und Immunitätspässe auszugeben, wird von der Geschäftswelt stark befürwortet, weil sie eine schnellere Öffnung der Wirtschaft verspricht. Dieses Vorgehen würde die Gesellschaft jedoch streng in zwei unterschiedliche Gruppen teilen: in diejenigen, die sich frei bewegen können und wenig Gefahr für andere darstellen, und diejenigen, die als großes Risiko wahrgenommen werden. Es wäre keine Überraschung, wenn Unternehmen weitaus lieber Menschen mit Antikörpern einstellen würden.

In Bezug auf mögliche »Exit-Strategien« aus dem Lockdown wurde in Großbritannien und anderswo die Option diskutiert, mit den Jungen anzufangen, zuerst die Schulen wieder zu öffnen und dann die jüngeren Menschen wieder zur Arbeit gehen zu lassen, die bei einer Infektion mit geringerer Wahrscheinlichkeit ernsthaft erkranken. Einige politische Berater schlugen vor, die Restriktionen für Unterdreißigjährige aufzuheben, die nicht bei ihren Eltern wohnen, wovon etwa 4,2 Millionen Menschen profitieren würden. Einige witzelten, dass eine »Die-Jugend-zuerst«-Strategie womöglich zu einem »Höchstalter für das Trinken in Kneipen« führen könnte. Bei all diesen Strategien gibt es Gewinner und Verlierer, und wenn die Covid-19-Restriktionen lange genug andauern, werden sie unsere Gesellschaften neu gestalten.

Kapitel Zwei

Demokratie als eine Diktatur der Vergleiche

Epidemien infizieren die Gesellschaft mit Angst. Sie können in den Menschen das Beste zum Vorschein bringen, in Staaten aber auch das Schlechteste. Epidemien sind in der Literatur eine beliebte Metapher für den Verlust der Freiheit und den Beginn des Autoritarismus. Für Machiavelli veranschaulichen ansteckende Krankheiten, was im Gemeinwesen geschieht, wenn man der Unfähigkeit und Korruption die Herrschaft überlässt, während Camus' *Die Pest* eine Parabel auf den Faschismus ist. Signalisiert also die Ankunft des Coronavirus den Niedergang der liberalen Demokratien des Westens? Infiziert es die Gesellschaften tatsächlich mit autoritärem Gedankengut?

Laut einem Bericht von *openDemocracy* aus dem April 2020 leben gerade mehr als zwei Milliarden Menschen in Ländern, in denen die Parlamente durch Corona-Notfallmaßnahmen ausgesetzt oder eingeschränkt wurden.[29] Aber es geht nicht nur um die Parlamente. Der Lockdown hat auch die Rolle der Gerichte reduziert. Die Menschen dürfen ihre Wohnungen nicht verlassen. Wahlen wurden entweder verschoben oder werden in einer Atmosphäre abgehalten, die einen fairen politischen Wettbewerb unmöglich macht. Beschränkungen der Medien greifen um sich. In der Pandemie sind zuverlässige Informationen wichtiger denn je, doch die Wirtschaftskrise bedroht das finanzielle Überleben der Pressekanäle, die diese Informationen sammeln und weitergeben.

Viele politische Analysten fürchten, dass die Pandemie die Populisten an die Macht bringen wird und dass diese Demagogen, wenn sie erst mal am Ruder sind, die Krise nutzen werden, um die Demokratie zu ersticken und eine Form autoritärer Herrschaft zu errichten. Die langfristige politische Folge von Covid-19, so meinen diese Analysten, wird eine restriktive Gesetzgebung sein, die auch lange nach dem Sieg über das Virus noch in Kraft bleibt. Und schließlich gehen sie davon aus, dass das wichtigste geopolitische Ergebnis der Krise ein wachsender globaler Einfluss Chinas sein wird.

Ich teile die meisten dieser Befürchtungen. Covid-19 ist besonders gefährlich für Menschen mit »Vorerkrankungen«, und die liberalen Demokratien des Westens litten im letzten Jahrzehnt unter beträchtlichen Funktionsstörungen, während das Vertrauen in ihre demokratischen Systeme dramatisch absackte. Populistische Parteien waren in wütenden und frustrierten Gesellschaften auf dem Vormarsch. Die Titel zweier einflussreicher Bücher aus der letzten Zeit greifen diese Vorstellung auf: *Wie Demokratien sterben* von Steven Levitsky und Daniel Ziblatt[30] und *So endet die Demokratie* von David Runciman.[31] Man kann logischerweise erwarten, dass Covid-19 wenigstens einige negative politische Entwicklungen aus der Zeit vor der Krise verstärken und sogar beschleunigen wird. Doch obwohl solche Befürchtungen in Bezug auf die Zukunft der Demokratie in Europa berechtigt sind, habe ich das Gefühl, dass das Bild komplizierter, aber vielleicht nicht ganz so düster ist.

Kann sich ein Frosch mit Covid-19 infizieren?

Wir alle kennen den besten Weg, einen Frosch zu kochen: Wenn man ihn in kochendes Wasser wirft, springt er einfach heraus, wenn man ihn aber in kaltes Wasser setzt und das zum Kochen bringt, merkt er nicht, dass er in Gefahr ist, und wird langsam zu Tode gekocht. In den Augen vieler Kommentatoren sind die liberalen Demokratien in der Covid-19-Pandemie zu diesem sprichwörtlichen Frosch geworden, und der ungarische Ministerpräsident Viktor Orbán ist ein politischer Führer, der in seinem Land langsam die Wassertemperatur erhöht.

Am 30. März 2020 verabschiedete Ungarn ein Gesetz, das dem Ministerpräsidenten die Macht gab, unbegrenzte Zeit mit Notverordnungen zu regieren. Zu den neuen Vollmachten gehört die Berechtigung, den Vollzug bestimmter Gesetze auszusetzen – unabhängig davon, ob sie etwas mit der Krise zu tun haben. »Verzerrte Berichterstattung« wird mit Haft bedroht, was neue Ängste in Bezug auf die Pressefreiheit des Landes weckt. Und es ist natürlich keine Überraschung, dass Wahlen und Referenden in Ungarn für die Dauer des Notstands verschoben werden. Das Gesetz kam im ungarischen Parlament mit 137 zu 53 Stimmen problemlos durch.

Wie vorauszusehen, haben Oppositionsparteien diesen Schritt als unnötig attackiert und als einen Versuch, Ungarns schon geschwächte Demokratie weiter zu demontieren. Donald Tusk, ehemals Präsident des Europäischen Rats und im Moment Vorsitzender der konservativen Europäischen Volkspartei, sagte in einem Interview mit dem *Spiegel* sarkastisch: »Carl Schmitt wäre sehr stolz auf Viktor Orbán.«[32] Es stimmt, dass der einflussreiche deutsche Rechtsgelehrte, der die Politik auf Freund-Feind-Beziehungen reduzierte und dadurch zu einem Unterstützer des Nazi-Regimes wurde, wohl stolz auf den ungarischen Premierminister gewesen wäre, doch Orbáns Kunstgriff wirkt letztlich eher seltsam als beänstigend.

Das Seltsame am Fall Ungarn ist, dass Orbán das Parlament gar nicht in Quarantäne schicken musste, um unbegrenzte Macht auszuüben – er verfügte schon über eine starke verfassungsgemäße Mehrheit. Zudem hatte sich Ungarn nicht wegen der Corona-Krise von der liberalen Demokratie abgewandt; es war zuvor schon keine gewesen.[33] Warum musste Orbán Vollmachten usurpieren, über die er schon verfügte? Das Argument, dass Covid-19 ihm die Gelegenheit bot, einen Putsch voranzutreiben, ist eine bequeme und wenig hilfreiche Erklärung. Wesentlicher scheint, dass Orbán die Corona-Krise nutzt, um Brüssel zu zeigen, dass Ungarn die Regeln der Europäischen Union straflos verletzen kann.

Es stimmt, dass autoritäre Führer in Krisen gedeihen und dass sie in der Politik der Angst bewandert sind, doch es ist wichtig festzuhalten, dass sie vor allem von den Krisen profitieren, die sie selbst heraufbeschworen haben oder für deren Beherrschung sie einigermaßen gerüstet sind. Krisen, die die Welt, wie sie sie kennen, zu verändern drohen, sind ihnen zuwider. Carl Schmitt hatte recht, als er sagte, dass Diktatoren göttliche Macht anstreben – doch der Allmächtige stand nie vor der Aufgabe, Probleme zu lösen, die er nicht selbst geschaffen hatte.

Autoritäre Führer mögen keine Krisen, auf die sie mit Regeln reagieren müssen. Bei der Bekämpfung der Krankheit ist nicht das Genie oder die Stärke eines Führers vonnöten, sondern ganz banale Dinge, etwa, dass sich die Bürger regelmäßig die Hände waschen.

Für den Besitz absoluter Macht ist die Freiheit, selbst zu entscheiden, welche Krise eine Reaktion verdient, von zentraler Bedeutung, doch das Coronavirus hat diese Entscheidungsfreiheit beseitigt. Es ist nicht überraschend, dass die vier politischen Führer, die allein schon die Existenz der Pandemie besonders entschieden leugneten, alle Anhänger des Autoritarismus waren: der brasilianische Präsident Jair Bolsonaro, der weißrussische Machthaber Alexander Lukaschenko, der autokratische Präsident Turkmenistans Gurbanguly Berdimuhamedow und der nicaraguanische Diktator Daniel Ortega. Diese vier, die Oliver Stuenkel, ein Professor für internationale Beziehungen an der Fundação Getúlio Vargas in São Paulo, »die Vogel-Strauß-Allianz« genannt hat,[34] sind der beste Beleg dafür, dass Covid-19 nicht der ideale Tischgast eines Diktators ist. Für diese vier ist die Pandemie eher eine Bedrohung und ein Hemmnis als eine Chance. Als globale Krise, auf die alle Regierungen weltweit reagieren sollten, beschränkt sie sogar die Macht der Autoritären.

Wird Covid-19 die Populisten an die Macht bringen?

»Die Angst übersteigt alle anderen Beeinträchtigungen an Heftigkeit«, bemerkte der französische Humanist Michel de Montaigne im 16. Jahrhundert. Und die Angst ist es, die Populisten an die Macht bringt. Wir sollten daher nicht überrascht sein, wenn viele Menschen glauben, dass rechte Populisten die größten Nutznießer der Corona-Krise sein werden. Doch ist der Aufstieg des Populismus im letzten Jahrzehnt eher der Angst oder der Sorge zuzuschreiben?

Psychologen gehen zwar davon aus, dass Angst und Sorge eng verwandt sind – beide enthalten die Vorstellung von Gefahr –, betonen aber auch, dass Angst eine Reaktion auf eine spezifische und erkennbare Gefahr ist, etwa die Angst, mit einer gefährlichen Krankheit infiziert zu werden. Dagegen ist Besorgnis eine diffuse, unkonkrete, nicht greifbare Annahme hinsichtlich der eigenen Zukunft. Die Menschen machen sich Sorgen, dass ihre Kinder ein schlechteres Leben haben werden als sie selbst. Dass Migranten sie ersetzen werden. Sie machen sich Sorgen wegen der kommenden Klima-Apokalypse oder einer bevorstehenden Invasion von Aliens. Menschen, die sich sorgen, sind auch wütend, während Menschen, die Angst haben, sich den Luxus der Wut gar nicht leisten können, weil sie zu sehr mit dem Überleben beschäftigt sind. Populisten haben die Wut der Besorgten geschickt ausnutzen können. Menschen, die sich sorgen, verhalten sich auch anders als Menschen, die Angst haben. Eine große und weiter wachsende Strömung in der Sozialpsychologie vertritt die Überzeugung, dass Menschen unter den Bedingungen der Angst »eine gesteigerte Achtsamkeit und Selbstwahrnehmung in Bezug auf die Einschränkungen des freien Handelns entwickeln und als ein zentrales Ziel den Wunsch haben, wieder ein größeres Maß an Zusammenhalt und Sicherheit herzustellen«.[35] In seinen Memoiren gibt uns der deutsche Literaturkritiker Marcel Reich-Ranicki einen interessanten Einblick in die Eindimensionalität des angstvollen Denkens: Er bekennt, dass er in den Monaten im Warschauer Ghetto im Zweiten Weltkrieg zwar die ganze Zeit gelesen, aber nicht ein Mal zu einem Roman gegriffen habe. Er fürchtete, dass er, wenn er zu lesen anfinge, sterben werde, bevor er damit fertig sei.[36]

Wenn die heißeste Phase der gegenwärtigen Krise vorbei ist und die Menschen nicht mehr um ihr Leben fürchten, wird die Wut zurückkehren, und populistische Politiker wie Marine Le Pen oder Matteo Salvini werden wahrscheinlich wieder Oberwasser bekommen. Im Moment jedoch erklärt die Intensität der Angst vor Covid-19, warum sich die Rhetorik der Regierungen meist gegen die der Populisten durchgesetzt hat. Während die Zustimmungsquoten für Macron und Conte wachsen, sinkt die Unterstützung für ihre populistischen Herausforderer. Statt nach jemandem zu suchen, der ihrem Frust Ausdruck verleiht, halten Menschen in Angst nach denjenigen Ausschau, die sie schützen können und einschlägige Kenntnisse besitzen. Deshalb hat Covid-19 die Haltung der Öffentlichkeit gegenüber dem Fachwissen verändert. Das Virus hat die gesellschaftlichen Vorteile einer kompetenten Regierung deutlich gemacht, während nach der Finanzkrise ein tiefes Misstrauen gegenüber Experten und Technokraten herrschte.

Wird das »chinesische Virus« dem »chinesischen Modell« nützen?

Wie viele andere hatte ich zu Beginn der Krise den Eindruck, China werde strategisch besonders gestärkt aus der Pandemie hervorgehen. Offenbar legitimierte die Krise autoritäre Staaten gegenüber den Menschen, die in ihnen leben, und erste Daten zeigen, dass chinesische Bürger das amerikanische Modell in der Pandemie kritischer sehen.[37] Weil China das erste Land war, in dem das Virus zuschlug, war es auch das erste, das den Weg der wirtschaftlichen Erholung einschlug, und das wirkte sich zu seinem Vorteil aus. Doch jetzt, mit fortschreitender Zeit, bin ich weniger sicher, dass China der größte

Nutznießer der Krise sein wird. Antichinesische Einstellungen sind nach der Enthüllung gewachsen, dass die chinesische Regierung die Welt in Bezug auf die Opfer- und Infektionszahlen angelogen hat. Pekings aggressive PR-Kampagne, die darauf zielte, China als das Vorbild für eine wirksame Reaktion auf die Pandemie und als die einzige global denkende Macht darzustellen, ging nach hinten los, als das Virus auf Europa und andere Teile der Welt übersprang. Die deutsche Öffentlichkeit musste entsetzt zur Kenntnis nehmen, dass chinesische Diplomaten deutsche Beamte unter Druck gesetzt und sie aufgefordert hatten, die chinesische Reaktion auf die Krise öffentlich zu loben.[38] Zudem wird China wohl stärker unter der »Deglobalisierung« leiden, die eine soziale und ökonomische Folge der Pandemie sein wird. Im ersten Quartal des Jahres 2020 erlebte China den ersten größeren Einbruch des Bruttoinlandsprodukts seit Maos Kulturrevolution – eine bedeutsame und symbolhafte Herausforderung für ein Regime, dessen Legitimität auf seiner Fähigkeit beruht, die Lebensstandards ständig zu verbessern. Es kann sein, dass der chinesische Führer Xi Jinping deutlich geschwächt aus der Krise hervorgehen wird. Zudem wird Covid-19 zwar die Einflussmöglichkeiten und das Selbstbewusstsein der Vereinigten Staaten und der Europäischen Union beeinträchtigen, doch die Post-Corona-Welt wird den globalen Ambitionen Pekings weniger einladend gegenüberstehen als die Welt vor der Krise, denn China hat in der Pandemie sein hässliches Gesicht gezeigt.

Die Zeit, die wir gegenwärtig erleben, ähnelt in mancher Hinsicht der Krise der 1970er-Jahre. Damals wurden der Sowjetkommunismus wie auch die westlichen Demokratien in einer Phase, die der französische politische Philosoph Pierre Hassner als »Dekadenz-Wettbewerb« bezeichnete, von innerem Aufruhr zerrissen. Statt die Frage zu beantworten, ob die liberale Demokratie oder der Autoritarismus chinesischer Prägung besser für die Anforderungen des 21. Jahrhunderts gerüstet sei, erreichte Covid-19 etwas anderes: Es beendete die Möglichkeit chinesisch-amerikanischer Zusammenarbeit im Umgang mit den Problemen der Globalisierung. Stattdessen hat sich der Trend globaler Fragmentierung und Regionalisierung nur verstärkt. Wang Jisi, Professor an der Universität Peking, sagt ganz richtig, dass die Beziehungen zwischen China und den USA infolge der Pandemie auf den schlechtesten Stand seit den ersten offiziellen Kontakten in den 1970er-Jahren zurückgefallen sind. Die bilaterale ökonomische und technologische Entkopplung sei »schon unumkehrbar«.[39]

Die Konkurrenz zwischen China und Amerika wird keinen neuen Kalten Krieg auslösen. Anders als das Sowjetregime ist das chinesische Modell keine ideologische Alternative zum Kapitalismus, sondern vielmehr ein Teil des globalen Kapitalismus. Allerdings wird sich eine Konfrontation der beiden ganz wie ein Kalter Krieg anfühlen. Wie John Updikes Protagonist Harry »Rabbit« Angstrom es ausdrückte: »Ohne den kalten Krieg, was für einen Sinn hat es da, Amerikaner zu sein?«[40] Unabhängig vom Ergebnis der amerikanischen Präsidentschaftswahlen im

November 2020 ist klar, dass Washingtons Haltung Peking gegenüber härter werden wird. Und auch die Führer Chinas würden wohl zustimmen, dass es ohne einen Kalten Krieg wenig Sinn hätte, sich immer noch als Kommunisten zu bezeichnen. Die Mobilisierung eines antiwestlichen Nationalismus könnte sich als die beste Stategie der Kommunistischen Partei Chinas erweisen, um ihre Macht zu bewahren.

Wenn die Menge verschwindet

In *Der Tag eines Wahlhelfers*, einer frühen Novelle von Italo Calvino, erzählt der große Autor die Geschichte einer von Wahnsinn, Leidenschaft und Vernunft durchdrungenen Wahl. Der Protagonist Amerigo Ormea, ein linker Intellektueller, willigt ein, als Wahlhelfer ins Turiner Cottolengo-Hospiz zu gehen, eine »Heil- und Pflegeanstalt« für psychisch Kranke und Behinderte. In Italien gibt es seit dem Zweiten Weltkrieg eine Wahlpflicht, und seitdem waren solche Orte immer besonders im Visier der konservativen Christdemokraten. Während der Wahl sind die Zeitungen voller Geschichten über Kranke und Alte, »gelähmte Arteriosklerotiker«, die unter Druck gesetzt werden, damit sie konservativ wählen.[41]

Und doch verfällt Ormea gerade in Cottolengo dem Zauber der Demokratie. Er ist fasziniert davon, wie das Ritual der Wahlen über den Marsch der Faschisten triumphiert und dem menschlichen Leben Sinn gibt. Besonders eindrucksvoll ist in seinen Augen der Egalitarismus der Demokratie; die Tatsache, dass alle Menschen, ob reich oder arm, ob Professor oder Analphabet, eine Stimme mit gleich viel Gewicht haben. Wahlen ähneln dem Tod, sie zwingen die Menschen dazu, zurück und nach vorn zu schauen, das eigene Leben zu bewerten und sich ein anderes vorzustellen. In der Heil- und Pflegeanstalt lernt Ormea die geniale Leistung der Demokratie zu schätzen, Wahnsinn in Vernunft und Leidenschaften in Interessen zu verwandeln.

Gerade das Talent der Demokratie, Dinge zu verdrehen, macht Amerigo Ormea zu ihrem überzeugten Anhänger, und es ist eher ihr geheimnisvoller Zauber als ihre Transparenz, die ihn bekehrt. Wahlen geben jedem Bürger eine Stimme, mit dem Vorbehalt allerdings, dass sie nicht die Intensität seiner Überzeugungen abbilden. Und gerade dieser Zauber der Demokratie ist bedroht in einer Welt, in der »Social Distancing« als verantwortliches Verhalten internalisiert wurde. Wäre Amerigo Ormea zur Demokratie bekehrt worden, wenn die Menschen nur per Brief hätten wählen können? Die Möglichkeit, dass Covid-19 nicht nur einige Monate, sondern mehrere Jahre lang kein öffentliches Leben zulässt, stellt die größte Gefahr für die europäischen liberalen Demokratien dar. Wenn wir Bill Gates Glauben schenken, sollten wir uns darauf einrichten, dass in den kommenden Jahren »die Menschen ausgehen können, aber nicht so oft und nicht dorthin, wo es voll ist. Stellen Sie sich Restaurants vor, die nur jeden zweiten Tisch besetzen, und Flugzeuge, in denen der mittlere Sitz frei bleibt.«[42]

In einer Demokratie müssen Bürger wählen können, Politiker müssen sich beraten können und die Menschen müssen sich bewegen, zusammenkommen und gemeinsam handeln können. Von entscheidender Bedeutung ist auch, dass die Menschen die Möglichkeit haben, Teil einer Menge zu sein, ein Kollektivkörper, der die Intensität ihrer politischen Leidenschaft ausdrücken kann; Wahlkundgebungen und Massendemonstrationen geben Bürgern ein Zusammengehörigkeitsgefühl, das die Teilnahme an Wahlen allein nicht bieten kann.

Im 20. Jahrhundert wurde die demokratische Politik durch die Macht der Masse mit Leben erfüllt. »Niemand konnte vermeiden, dass er auf Straßen und Plätzen auf sie stieß«, schrieb der deutsche Kulturkritiker Siegfried Kracauer in Erinnerung an die Situation nach dem Ersten Weltkrieg. »Diese Massen waren mehr als ein gewichtiger Sozialfaktor, sie waren so greifbar wie jedes Individuum.«[43] Manche Demokratietheoretiker fürchteten die Massen wegen ihrer »Unzurechnungsfähigkeit« und der Gefahr, sie könnten von autokratischen Führern mobilisiert werden, doch sie waren sich auch der Bedeutung der Politik der Straße für das Funktionieren der Demokratie bewusst. Gerade die Möglichkeit, dass Menschenmengen die Intensität politischer Leidenschaften widerspiegeln können, versöhnt viele Politaktivisten mit der Demokratie. Über seine Teilnahme an der berühmten politischen Massendemonstration der Sozialdemokraten in Wien am 15. Juli 1927 schrieb der Autor Elias Canetti später: »Es ist das Nächste zu einer Revolution, was ich am eigenen Leib erlebt habe. Seitdem weiß ich ganz genau, ich müsste kein Wort darüber lesen, wie es beim Sturm auf die Bastille zuging.«[44]

Im letzten Jahrzehnt sind diejenigen, die der amerikanische Kolumnist Thomas Friedman »die Platz-Menschen« nennt,[45] eine Konstante in der Weltpolitik gewesen. Mehr als 90 Länder überall auf der Welt waren Schauplätze großer Massenproteste. Millionen Menschen sind aufgestanden, um beachtliche und nachhaltige Aktionen auf die Beine zu stellen, die die politischen Parteien umgehen, den Mainstream-Medien misstrauen, wenige herausragende Anführer haben und meist ohne formelle Organisation auskommen. Die Gelbwesten in Frankreich und Extinction Rebellion sind zwei Gesichter dieses vielfältigen Phänomens. Online-Aktivismus kann oft nicht dieses Gefühl von Bedeutung und Zugehörigkeit vermitteln, welches das prägende Merkmal der Politik der Straße ist. Stattdessen wird er oft zu billigem »Klicktivismus«.

Covid-19 bedroht dieses wesentliche Element demokratischer Politik; Demokratie kann nicht funktionieren, wenn die Leute zu Hause bleiben müssen. Der Technologie-Analyst Benedict Evans hat kürzlich festgestellt: »Wir sind jetzt alle online, und, genauso wichtig, wir sind alle bereit, dies für jeden Teil unseres Lebens zu nutzen, wenn nur das richtige Erlebnis und Geschäftsmodell verfügbar ist. Heute macht jeder alles online.«[46] Er hat vielleicht recht, aber ich bin der Überzeugung, dass die Demokratie ohne Friedmans »Platz-Menschen« nicht überleben kann und, nicht weniger wichtig, dass das Verschwinden dieser Menschen in den Augen vieler womöglich das Ende der Demokratie anzeigt. Ich kann mir nicht vorstellen, dass Demokratien überleben können, wenn wir uns nicht in Gruppen von mehr als 50 Menschen versammeln dürfen. Wenn wütende Massen, die frei ihre Unzufriedenheit und ihre Forderungen kundtun können, von den Straßen westlicher Hauptstädte verschwinden, verschwimmen damit in den Augen vieler Beobachter die Grenzen zwischen der liberalen Demokratie und ihren giftigen Doppelgängern.

Vergleichen ermächtigt

Es kann dir das Leben retten, wenn du dasselbe tust wie die anderen. 2015 stürmten Al-Shabaab-Milizen das Garissa University College in Kenia und nahmen die Studenten als Geiseln. Sie verschonten nur diejenigen, die beweisen konnten, dass sie Muslime waren, indem sie ein Stück aus dem Koran rezitierten. Wer das nicht konnte, wurde auf der Stelle erschossen. Eine christliche Studentin sah, was mit den Geiseln vor ihr passierte, und prägte sich in aller Eile den Text ein. Michelle Baddeley erklärt in *Copycats and Contrarians*, das Mädchen habe »ihr Leben durch soziales Lernen gerettet, dadurch, dass sie Informationen über die Entscheidungen anderer und deren Folgen sammelte«.[47]

Eine solche Nachahmungslogik erklärt das zentrale Paradox der globalen Reaktion auf den Corona-Ausbruch. Die Krise hat die Gesellschaften gezwungen, sich auf einen »Bleiben-Sie-zu-Hause-Nationalismus« zurückzuziehen statt auf den vertrauteren Kooperationsmodus. Nichtsdestotrotz haben die Regierungen freudig zu immer demselben Paket von Strategien gegriffen, mit denen die Verbreitung des Virus aufgehalten werden sollte, ungeachtet der Tatsache, dass gesellschaftliche Traditionen, politische Regime und Gesundheitssysteme sich von Staat zu Staat deutlich unterscheiden.

Warum haben völlig unterschiedliche Staaten dieselben Strategien übernommen? Die Antwort könnte in der Unterscheidung zwischen der »Politik der Ungewissheit« und der »Politik des Risikos« liegen, die der Wirtschaftswissenschaftler Frank Knight in seinem wegweisenden Werk *Risk, Uncertainty and Profit* im Jahr 1921 eingeführt hat.[48] Laut Knight können wir die Zukunft zwar nicht kennen, doch Risiko ist messbar und vergangene Ereignisse können mithilfe empirischer Daten ausgewertet werden. Ungewissheit dagegen bezieht sich auf Folgen, die wir nicht vorhersagen können oder konnten.

Die Corona-Pandemie war ein solcher Moment der Ungewissheit. In den frühen Phasen der Krise, als es keine Massentests gab, konnten die Regierungen die Kosten und Nutzen von Social-Distancing-Strategien oder des Shutdowns der Wirtschaft nicht gegeneinander abwägen – am verantwortlichsten war es, vom Schlimmsten auszugehen und die risikoscheueste Position einzunehmen. Regierungen sind es gewohnt, Risiken zu managen, der Umgang mit Ungewissheit jedoch ist etwas ganz anderes.

In ungewissen Situationen müssen Regierungen bereit sein, außergewöhnliche Maßnahmen zu ergreifen, selbst wenn sie sich nicht sicher sind, was dabei herauskommt. Gleichzeitig wollen sie alles vermeiden, was später von Bürgern hinterfragt werden könnte, die wissen, was anderswo umgesetzt wurde. Das Gleiche zu tun wie die anderen wird überaus wichtig, um die Öffentlichkeit zu beruhigen und ihr zu versichern, dass die Lage unter Kontrolle ist – im Fall der Corona-Pandemie bedeutete das, sie davon zu überzeugen, dass es notwendig ist, daheim zu bleiben, Masken zu tragen, Geschäfte zu schließen und sich an alle anderen zusätzlichen Regeln zu halten.

Stellen wir uns vor, dass die Hälfte der Länder weltweit beschlossen hätte, am Lockdown festzuhalten, während die anderen dem Beispiel Schwedens folgend beschlossen hätten, strenge Maßnahmen zu vermeiden. Der politische Druck auf beide Seiten, den Kurs zu ändern, wäre kaum erträglich gewesen. Wenn einige demokratische Regierungen einen Notstand ausgerufen hätten und andere nicht, hätten so unterschiedliche Vorgehensweisen ungeachtet vergleichbarer Infektions- und Sterberaten womöglich dazu geführt, dass das Vertrauen der Bevölkerung in das Regierungshandeln geschwunden wäre.

Man kann gut verstehen, warum Regierungen sich dafür entschieden, die Strategien der Länder zu übernehmen, die zuerst von der Pandemie getroffen wurden, auch wenn sie nicht unbedingt davon überzeugt waren, dass dies der beste Ansatz war.

In diesem Sinn unterscheidet sich die Nachahmungspolitik der Regierungen grundsätzlich vom Verhalten des christlichen kenianischen Mädchens. Die Regierungen kopieren nicht, weil sie sehen, dass die Strategien anderer Staaten funktionieren, sondern weil sie selbst keine Idee haben, was funktionieren könnte.

Die Übernahme ähnlicher Vorgehensweisen hat den Regierungen zwar geholfen, die Verantwortung abzuwälzen, Vergleichen jedoch konnten sie sich im Laufe der Zeit immer weniger entziehen. Vergleiche sind ein ständiges Merkmal jeder Politik, doch normalerweise bewerten die Bürger die Leistungen einer Regierung im Vergleich zur vorherigen Regierung oder zu den Versprechungen der Opposition. Die Corona-Krise hat eine neue Form von Vergleich mit sich gebracht – Bürger vergleichen die Leistung ihres Staates jetzt in Echtzeit mit der anderer Staaten. Die Öffentlichkeit will unbedingt wissen, warum Deutschland aggressiver testet als Frankreich, warum in Großbritannien mehr Menschen sterben als in Österreich und warum einige Staaten bereit sind, viel tiefer in die Tasche zu greifen als andere, wenn es darum geht, Menschen und Firmen für die Kosten der Krise zu entschädigen. Die Krise hat die politische Debatte verändert, in dem Sinne, dass die Reaktion von Regierungen auf die

Herausforderungen für die öffentliche Gesundheit und die Wirtschaft durch die Pandemie das Einzige ist, was gerade zählt. Sie hat die Illusion geschaffen, dass die Leistung einer Regierung objektiv gemessen werden kann, und dieser Vergleich prägt die Entscheidungen der Regierungen viel stärker als die Kritik der Opposition. So ist zum Beispiel Österreichs Beschluss, die Restriktionen zu lockern, für die Risse im politischen Konsens verantwortlich, die man in Deutschland beobachten kann.

Die Einmütigkeit, mit der die meisten Regierungen beschlossen, einen Lockdown zu verhängen und Notstandsgesetze einzuführen, erklärt, warum die Menschen überall auf der Welt bereit waren, die Verletzung ihrer Privatsphäre im Kampf gegen Covid-19 hinzunehmen. Doch die Hegemonie ihres Ansatzes bedeutet auch, dass, wenn einige Staaten beschließen, die Restriktionen auszusetzen, diejenigen unter Rechtfertigungsdruck stehen werden, die sich für eine Verlängerung entscheiden. Das Paradoxon der Corona-Krise liegt darin, dass sie nicht nur die Staaten durch außerordentliche Vollmachten ermächtigt hat, sondern auch jedem einzelnen Bürger eine gewisse Ermächtigung verleiht: durch die Möglichkeit, zu urteilen, ob seine Regierung sich besser oder schlechter schlägt als andere.

Während der Pandemie hängt der Erfolg aller Maßnahmen des Staates von der aktiven Unterstützung seiner Bürger ab. Jedes Individuum, das beschließt, die Politik des »Social Distancing« zu unterlaufen, macht es dem Staat schwerer, seine Ziele zu erreichen; in diesem Sinn beschränkt ein Notstand zwar die Rechte der Bürger, steigert aber paradoxerweise ihre Macht.

Die Ermächtigung durch den Vergleich endet, wenn die Länder anfangen, den Lockdown aufzuheben, und wirtschaftliche Überlegungen allmählich die Sorgen um die öffentliche Gesundheit überlagern. Sollte uns die Zahl der Neuinfektionen wichtiger sein als die der Arbeitslosen oder das Geld, das die Staaten investieren, um die Wirtschaft zu stützen?

Genau in diesem Moment verliert ein Bürger, der in der frühen Phase der Pandemie durch die Möglichkeit des Vergleichs der Regierungsleistungen in den verschiedenen Staaten ermächtigt wurde, womöglich die Orientierung und damit eben diese Ermächtigung. In diesem Moment schlägt die Angst als vorherrschende Stimmung in einer Gesellschaft plötzlich in Wut um.

Schmitt auf den Kopf stellen

Ende des 18. Jahrhunderts entwarf der britische Philosoph und Gesellschaftstheoretiker Jeremy Bentham einen Bauplan für Institutionen, den er »das Panoptikum« nannte. Dahinter stand das Konzept, einem einzigen Aufseher die Möglichkeit zu geben, alle Insassen einer Institution – sei es ein Gefängnis, eine Schule oder ein Hospital – im Auge zu behalten, ohne dass sie wussten, ob sie gerade beobachtet wurden oder nicht. Dieser Entwurf wurde bald zu einem Symbol für unser modernes Verständnis vom Einsatz von Macht, um gefährliche Einzelpersonen oder Gruppen zu überwachen. Der französische Politiker und Anarchist Pierre-Joseph Proudhon erklärte dazu im 19. Jahrhundert: »Regiert zu werden heißt, überwacht zu werden, inspiziert, ausspioniert und dirigiert zu werden, dem Gesetz unterworfen zu sein, reguliert, klassifiziert und indoktriniert zu werden, Predigten hören zu müssen, kontrolliert, geschätzt, gewogen, zensiert und herumkommandiert zu werden.«[49] Viele werden zustimmen, dass sich außer der Technik seit Proudhons Zeiten kaum etwas daran geändert hat.

In Momenten der Krise hebt die Idee des Panoptikums oft wieder ihr Haupt. Eine staatlich auferlegte Überwachung der öffentlichen Gesundheit, die, wie viele fürchten, ein Nebenprodukt der Corona-Pandemie sein wird, könnte als die neueste Inkarnation von Benthams Projekt gelten. Der Unterschied liegt darin, dass im ursprünglichen Panoptikum die Menschen aufgefordert waren, im Austausch gegen den Schutz des Staates alles von sich preiszugeben, während in unserer modernen Version der Staat verspricht, die Überwachung der öffentlichen Gesundheit einzusetzen, um die Menschen vor sich selbst zu schützen.

Am 26. Februar dieses Jahres, als das Ausmaß der Pandemie in seinem Land noch nicht klar war, schrieb der 82-jährige italienische Philosoph Giorgio Agamben einen streitbaren Kommentar, in dem er die Ansicht vertrat, dass die Notmaßnahmen der italienischen Regierung völlig unverhältnismäßig seien. »Auch hier manifestiert sich wieder die Tendenz«, behauptete Agamben, »einen Ausnahmezustand als ein normales Paradigma des Regierens zu verwenden.«[50] Er schloss sich der Meinung an, dass die Reaktion der Staaten auf Covid-19 eine Manifestation des »tyrannischen Instinktes« liberaler Regierungen und eine Möglichkeit sei, wieder Notstandsmaßnahmen einzuführen, die denen im »Krieg gegen den Terror« ähnelten. Menschen, die die Schließung der europäischen Grenzen beunruhigt, nehmen, wie oben beschrieben, Covid-19 eher als eine Wiederkehr der Flüchtlingskrise wahr. Viele Menschenrechtler dagegen fürchten, dass die Überwachungspraktiken bestehen bleiben, wenn das Virus besiegt ist. In ihren Augen ist ein »Ausnahmezustand« nichts weniger als ein Nagel für den Sarg der Demokratie.

Haben die Kritiker des »Ausnahmezustands« recht, wenn sie die Überwachung in der Corona-Krise als eine Rückkehr des diskreditierten »Kriegs gegen den Terror« deuten? Ist die »Normalisierung« der Verletzung der Privatsphäre in einer Pandemie ebenso verheerend für die Demokratie wie die Legalisierung der Folter, die George W. Bushs Regierung in den Jahren nach den Terrorangriffen vom 11. September befürwortete?

Teilweise sind die Staaten am Eifer ihrer Kritiker selbst schuld. Die Verwendung einer militaristischen Rhetorik macht es leicht, die Einschränkung von Rechten als eine Erinnerung an die Zeit nach 9/11 zu sehen. Doch indem sie den Kampf gegen das Virus ununterscheidbar machen vom Kampf gegen die Terroristen – beide sind »unsichtbare Feinde« –, riskieren die Liberalen, in die »libertäre Falle« zu tappen. Individuelle Freiheiten sind niemals ein absoluter Wert und sollten immer in Beziehung zum Gemeinwohl abgewogen werden. Kritiker von Bushs »Krieg gegen den Terror« hatten recht, wenn sie darauf beharrten, dass der Staat Folter niemals legalisieren sollte; Folter zerstört die Würde des Menschen. Außerdem funktioniert sie erwiesenermaßen nicht – sie kann zu falschen Geständnissen führen. Wie einige Kritiker der Bush-Regierung argumentierten, sollten Regierungsbeamte, falls sie sich gezwungen sähen, Folter anzuwenden – wie im berüchtigten »Zeitbomben-Szenario«[51] –, dies nur als Akt zivilen Ungehorsams tun.

Aber Anti-Terror-Überwachung und Apps zum Virus-Tracking sind nicht dasselbe. Die Praxis zeigt, dass der Nachvollzug von Kontakten den Staaten hilft, die Ausbreitung der Krankheit einzudämmen, und es der medizinischen Forschung erleichtert, die Epidemie zu verstehen und einen Impfstoff zu entwickeln. Die Überwachung, welche die Staaten im Kampf gegen Covid-19 einsetzen, ist kein Geheimnis – die Menschen wissen, dass der Staat ihre Kontakte rückverfolgen wird. Und wenn ich mich weigere, das zu erlauben, bin ich womöglich indirekt für den Tod eines anderen Menschen verantwortlich.

Kurz gesagt: Die liberale Verteidigung von Rechten im Kontext des »Kriegs gegen den Terror« kann man nicht direkt auf die Corona-Pandemie übertragen. Nicht nur die Tendenz demokratischer Regierungen, im Angesicht einer Pandemie überzureagieren, könnte der Demokratie den Todesstoß versetzen, sondern auch die Versuchung, aus ökonomischen Gründen die Bedrohung durch das Coronavirus kleinzureden. Sollten wir die Menschenrechtsaktivisten bewundern, die die Regierungen vor Gericht zerren, weil sie die Menschen zwingen, Masken zu tragen, und zur Untermauerung ihrer Position die Anti-Burka-Gesetzgebung heranziehen? Oder sollten wir sie nicht eher ermutigen, gegen Regierungen zu klagen, die die Menschen zwingen, Masken zu tragen, aber nicht genügend davon bereitstellen?

In seinem aufschlussreichen Buch *Fear Itself*[52] argumentierte der amerikanische politische Denker Ira Katznelson, Franklin D. Roosevelt habe die liberale Demokratie in Amerika nicht dadurch gerettet, dass er sich außerordentlichen Maßnahmen widersetzte, sondern vielmehr dadurch, dass er in einer Zeit der Ungewissheit und Angst die Schlagkraft der Demokratie demonstrierte. Seine Strategie bestand darin, sich gegen Carl Schmitt zu stellen und zu zeigen, dass liberale Demokratien »mit ihren fragmentierten Parteien, Parlamenten und ihrer Polarisierung Lösungen entwickeln und ihren Weg finden konnten, während sie an ihren Kernüberzeugungen und Verfahren festhielten«.

Die Demokratie unterscheidet sich in Katznelsons Sicht von der Diktatur nicht dadurch, dass sie sich der Verhängung des »Ausnahmezustands« widersetzt, sondern dadurch, dass sie ihn akzeptiert, um sich selbst zu schützen, und nicht, weil sie damit durchkommen kann. Damit die Demokratie außergewöhnliche Maßnahmen ergreifen und dabei ihrer liberalen Natur treu bleiben kann, muss sie allerdings zwischen einem Handeln auf Zeit und dauerhaften politischen Strategien unterscheiden. In einer Demokratie sollten die Akteure verlangen, dass entscheidende Rechtsakte zeitlich begrenzt und einer formellen Verlängerung unterworfen sind. Viktor Orbán hat beschlossen, genau dieses Prinzip ebenso offen wie ungeschickt zu verletzen.

Zweitens sollten weder einzelne Führer noch Institutionen der Kritik enthoben sein, und Ausnahmemaßnahmen dürfen nicht zu Unsichtbarkeit oder Isolation von demokratischen Praktiken führen. Im Gegenteil muss jeder Zweig des Staates – Rechtsprechung, Gesetzgebung und die Exekutive selbst – Möglichkeiten haben, in Echtzeit Informationen zu teilen und Urteile weiterzugeben. Regierungen dürfen das Parlament umgehen, wo es nötig ist, aber sie dürfen es nicht außer Dienst stellen.

Und schließlich sollten Möglichkeiten einer rückblickenden Beurteilung erhalten bleiben. Ein Evaluationsprozess, verbunden mit Sanktionen, falls liberale Normen verletzt wurden, ist für politische Regime besonders wertvoll, die sich demokratischer Meinungsbildung und kollektiven Entscheidungen verschrieben haben.[53]

Letztendlich können liberale Demokratien aufgrund ihres erfolgreichen Handelns gestärkt aus der Pandemie hervorgehen. Ein Notstand ist kein Zeichen für eine Krise der Demokratie. Er stärkt die Position der Libertären, die sich gegen jede Beschränkung individueller Freiheiten wehren, ebenso wie die Position derer, die für eine stärkere Rolle des Staates eintreten. In einer solchen Diskussion sind es die Liberalen, die an den Rand gedrängt werden.

Schluss

»Der Mensch ist die einzige Zeitmaschine, die wir kennen.«[54]
Georgi Gospodinov

In José Saramagos Roman *Die Stadt der Blinden*[55] verliert ein Mann plötzlich sein Augenlicht, ebenso der Arzt, der ihn untersucht, und ein Dieb, der sein Auto stiehlt. Aus Angst vor einer Ausbreitung der »weißen Blindheit« ergreift die Regierung drakonische Maßnahmen, um die Ansteckung zu verhindern. Alle, die schon blind sind, und alle, die Kontakt zu Erblindeten hatten, werden zusammengetrieben und in ein ehemaliges Irrenhaus am Stadtrand gebracht. Den Versuchen, das Krankenhaus zu verlassen, begegnen patrouillierende Soldaten mit tödlicher Gewalt, starr vor Angst, ebenfalls das Augenlicht zu verlieren. Das Irrenhaus wird immer mehr zu einem Konzentrationslager.

Auf den letzten Seiten des Romans klingt die Epidemie schließlich ebenso schnell ab, wie sie begonnen hatte, und lässt die Menschen mit der Frage zurück, warum sie blind wurden. »Ich glaube nicht, dass wir erblindet sind, ich glaube, wir sind blind, Blinde, die sehen, Blinde, die sehend nicht sehen.«[56] Der Verlust des Augenlichts ist ein Merkmal jeder Epidemie; wir fühlen uns blind, weil wir die Pandemie nicht haben kommen sehen und weil wir nicht verstehen, was sich um uns herum abspielt. Saramago glaubt nicht, dass Epidemien die Gesellschaft verwandeln; aus seiner Sicht helfen sie uns, die Wahrheit über unsere Gesellschaften zu sehen. Wenn er recht hat, ist es wichtig, dass wir verstehen, was wir miterlebten, während wir in unserem Zuhause festsaßen.

Mein Nachdenken über die Auswirkungen des Coronavirus begann damit, dass ich sieben erste Schlussfolgerungen formulierte; eine Quarantäne später ist daraus das Konzept der sieben Paradoxa geworden.

Das erste Paradoxon von Covid-19 besteht darin, dass es die dunkle Seite der Globalisierung offenlegt – aber gleichzeitig selbst ein Agent der Globalisierung ist. Das Virus zeigt sich besonders tückisch an Orten, die, so der britische Historiker Frank Snowden, »dicht bevölkert und durch schnelle Flugverbindungen miteinander in Kontakt sind, durch die Bewegungen von Touristen, Flüchtlingen, Geschäftsleuten aller Art, ineinandergreifende Netzwerke aller Art«.[57] Gleichzeitig hat das Virus die Welt synchronisiert und uns in einer Art zusammengebracht wie kein anderes Virus zuvor. Eine Zeit lang lebten wir in einer gemeinsamen Welt.

Das zweite Paradoxon der Corona-Krise ist, dass sie den Trend zur Deglobalisierung beschleunigt hat, den die Finanzkrise der Jahre 2008/2009 auslöste, und gleichzeitig die Grenzen der Renationalisierung aufzeigt. In Bezug auf eine Post-Corona-Welt schreibt Gideon Rachman: »Es ist schwer zu glauben, dass große, entwickelte Länder weiterhin eine Situation akzeptieren werden, in der sie den Großteil ihrer lebenswichtigen medizinischen Ausstattung importieren müssen.«[58] Auf ihrem Höhepunkt in den 1990er-Jahren stand die Globalisierung (zumindest in der öffentlichen Wahrnehmung) für die Effizienz globaler Just-in-time-Lieferketten, heute aber wirkt das Bild eines starken Staates verführerisch, der all die Ressourcen lagert, die die Gesellschaft in einer Krise braucht. Abgesehen davon aber ist die Corona-Krise vielleicht die globalisierungsfreundlichste aller Krisen, die die Menschheit bedrohen, weil sie die große Bedeutung internationaler Kooperation belegt. Anders als in Kriegen wenden sich die Nationen in Pandemien nicht gegeneinander. Anders als große Wanderungsbewegungen rufen Viren keinen gewalttätigen Nationalismus hervor. Und anders als Erdbeben oder Tsunamis sind Pandemien eine globale Angelegenheit. Eine Pandemie ist eine Krise, die der Menschheit erlaubt, ihre gegenseitige Abhängigkeit und ihre Zusammengehörigkeit zu erfahren. Sie sorgt dafür, dass die Menschen ihre Hoffnungen in Wissenschaft und Rationalität setzen. Und nicht die Pandemie selbst, sondern vielmehr das Versagen der politischen Führer der Welt, eine kollektive Antwort auf die Krise zu mobilisieren, lässt mich pessimistisch in die Zukunft blicken.

Das dritte Paradoxon von Covid-19 ist, dass die Angst vor dem Virus in den frühen Phasen der Pandemie einen

Zustand nationaler Einheit hervorrief, wie ihn viele Gesellschaften jahrelang nicht mehr erlebt hatten. Doch mit fortschreitender Zeit wird die Pandemie nicht nur die politischen, ökonomischen und gesellschaftlichen Spaltungen verstärken, die schon zuvor in allen Gesellschaften manifest waren – auch die Erinnerung an die Pandemie selbst wird wie Spuren im Sand verwehen. Je mehr die Angst vor Covid-19 schwindet, desto weniger werden wir anerkennen, dass die Bedrohung je real war. Und das Paradoxe daran ist, dass die Länder, die das Virus entweder besonders effizient bekämpften oder das Glück hatten, verschont zu bleiben, die Orte sein werden, an denen die öffentliche Meinung die Regierung für ihre Lockdown-Politik besonders deutlich kritisiert.

Ein viertes Paradoxon ist, dass Covid-19 der Demokratie eine Auszeit beschert hat – zumindest in Europa, wo in vielen Staaten ein Ausnahmezustand ausgerufen wurde –, dadurch aber die Sehnsucht der Menschen nach einer autoritäreren Regierung in Grenzen hält. Die Tatsache, dass Bürgerrechte und Freiheiten auf Eis gelegt werden, wird eher zu einer Ablehnung als zu einer Befürwortung des Autoritarismus führen. In den frühen Phasen der Krise übertrugen die Menschen ihren Regierungen bereitwillig außerordentliche Vollmachten, doch sie werden immer weniger großzügig damit umgehen, sobald wirtschaftliche Bedenken allmählich an die Stelle der Gesundheitsvorsorge treten. Dies ist die sich wandelnde Natur der Covid-19-Krise; eine Gesundheitskatastrophe, die sich zu einer Wirtschaftskatastrophe entwickeln wird, macht es unglaublich schwer, die politischen Folgen der Krise vorherzusagen.

Ein fünftes Corona-Paradoxon besteht darin, dass, obwohl die EU in den ersten Phasen der Krise auffällig abgetaucht war, die Pandemie für die Zukunft der Union wichtiger werden könnte als alles andere in ihrer Geschichte. Die EU riskiert nicht nur eine territoriale Auflösung wie beim Brexit, sondern ein Abgleiten in die Bedeutungslosigkeit.

Ein sechstes Paradoxon von Covid-19 ist, dass das Virus zwar die Geister der drei Krisen zurückbrachte, die Europa in den letzten Jahrzehnten erschütterten – der Krieg gegen den Terror, die Flüchtlingskrise und die weltweite Finanzkrise –, dass es aber auch die politischen Ergebnisse jener Krisen revidierte. Eine Folge der Finanzkrise war die mangelnde Bereitschaft, Schulden zu vergemeinschaften und die Beschränkungen der Staatsausgaben zu lockern, um die Rezession zu überwinden. Jetzt erleben wir das Gegenteil. Die Lehre der Europäer aus dem Krieg gegen den Terror bestand darin, dass sie anders als die Amerikaner nach 9/11 nicht bereit waren, ihr Recht auf Privatsphäre im Austausch gegen eine größere Sicherheit aufzugeben. In dieser Krise revidieren sie ihre Entscheidung. Die Flüchtlingskrise endete mit dem unausgesprochenen Konsens, dass eine Schließung der Grenzen im Inneren Europas unmöglich sei und dass, falls es doch geschehen sollte, die Osteuropäer die großen Verlierer wären. Diese Krise zeigt, dass Grenzen zumindest zeitweise geschlossen werden können und dass

Westeuropa ebenso viel dabei verliert. Die Charterflüge auf dem Höhepunkt der Pandemie, die Saisonarbeiter von Osteuropa nach Frankreich, Deutschland und Großbritannien brachten, haben dafür gesorgt, dass sich der Ton der Debatte dramatisch änderte.[59]

Ein letztes Paradoxon besteht darin, dass, obwohl die EU sich als letzte Verteidigerin von Offenheit und Interdependenz sieht, gerade der Druck der Deglobalisierung die Europäer womöglich dazu bringt, noch mehr gemeinsame Strategien zu verfolgen und sogar einige Notstandsvollmachten auf Brüssel zu übertragen.

In der EU lag die öffentliche Gesundheitsvorsorge immer in der »Kompetenz« der Nationalregierungen. Als jeden Tag Tausende Italiener und Spanier starben, hatte Brüssel wenig dazu zu sagen. Die Europäische Union hat sich als strukturell ungeeignet erwiesen, die sich anbahnende Katastrophe zu lindern, als irrelevanter Akteur gerade in dem Moment, als die Menschen Schutz suchten. In ihren Wohnungen gefangen, hörten die Europäer plötzlich auf, über die Europäische Union nachzudenken. Italiener und Spanier fühlten sich von der EU betrogen, doch sie fokussierten sich dabei eher auf ihre Miteuropäer als auf die europäische Bürokratie. Als die Menschen sich nur noch um die Frage kümmerten, warum sich in manchen europäischen Ländern weniger Menschen ansteckten oder weniger starben als in anderen, verschwand dahinter die Idee eines gemeinsamen Europa. Niemand machte sich die Mühe, die Toten oder Infizierten des gesamten Kontinents zu zählen. Keine Regierung rief nach einer europäischen Gesundheitsstrategie oder nach der Europäisierung coronabezogener persönlicher Daten. Es gab Momente in dieser Krise, in denen die Europäische Union den letzten Jahrzehnten des Heiligen Römischen Reiches zu ähneln begann, als den Menschen, die im Reichsterritorium lebten, allmählich gar nicht mehr bewusst war, dass sie noch immer ein Teil davon waren. Vielerorts ließ die Corona-Krise die Begeisterung der Bürger für die EU schrumpfen, gleichzeitig aber zwang sie die Staaten, sich ihrer Abhängigkeit von der EU bewusst zu werden.

Mit der politischen Herausforderung »Covid-19« konfrontiert, stehen die europäischen Führer vor einer strategischen Entscheidung: Sie können entweder darum kämpfen, eine globalisierte Welt der offenen Grenzen zu bewahren, oder sie können auf eine gemäßigtere Form der Deglobalisierung hinarbeiten. Letztendlich werden sie beides tun. Brüssel wird die letzte Bastion bei der Verteidigung der Globalisierung bleiben und gleichzeitig versuchen, den Druck aus dem Prozess der Deglobalisierung zu nutzen, um mehr Macht zu erhalten und sich für mehr Integration auf bestimmten Gebieten einzusetzen. Das wie ein Produkt der Globalisierung wirkende Coronavirus, verbunden mit der Erkenntnis, dass ein ökonomischer Nationalismus des 19. Jahrhunderts für kleine und mittlere europäische Nationalstaaten keine Option mehr ist, könnte einem neu gestalteten, EU-zentrierten territorialen Nationalismus eine Chance bieten. Das Coronavirus hat die Europäer gelehrt: Wenn sie ihre Sicherheit wahren wollen, können sie keine Welt dulden, in der die meisten Medikamente oder Masken außerhalb von Europa produziert werden. Ebenso können sie sich beim Aufbau eines europäischen 5G-Netzes nicht auf chinesische Unternehmen verlassen. Wenn die Welt immer protektionistischer wird, kann es einen effektiven Protektionismus in Europa nur auf kontinentaler Ebene geben.

In der Akutphase der Krise haben wir gesehen, dass nationale Eigenständigkeit gegenüber gemeinsamen Interessen Vorrang hatte. Als Italien seine Verbündeten um dringend benötigtes medizinisches Bedarfsmaterial bat, reagierte kein einziges EU-Land. Deutschland verbot anfangs den Export medizinischer Masken und anderer Schutzausrüstung, Frankreich beschlagnahmte alle Gesichtsmasken aus eigener Produktion. Die Europäische Kommission sah sich gezwungen, einzugreifen und den Export medizinischer Ausstattung zu regulieren.

Aber während eine Rückkehr zum Nationalstaat die unausweichliche Reaktion auf eine solche massive Gefährdung des Gesundheitswesens war, könnten sich in einer Welt ohne amerikanische Führung, die zudem noch durch die Rivalität zwischen den USA und China zerrissen ist, ein vereinteres Europa und ein mit Notvollmachten ausgestattetes Brüssel als die einzige realistische Lösung im Umgang mit der nächsten Phase der Krise erweisen.

Das große Paradoxon bei Covid-19 ist, dass die Schließung der Grenzen zwischen den EU-Staaten und die Isolation der Menschen in ihren Wohnungen uns kosmopolitischer denn je gemacht hat. Vielleicht zum ersten Mal in der Geschichte reden die Menschen überall auf der Welt über dasselbe und teilen dieselben Ängste. In zahllosen Stunden vor Computer- und Fernsehschirmen vergleichen die Menschen zu Hause das, was sich bei ihnen abspielt, mit dem, was anderen anderswo passiert. Es mag vielleicht nur für die Dauer dieses einen seltsamen Moments in unserer Geschichte sein, aber wir können nicht leugnen, dass wir gegenwärtig erleben, wie es sich anfühlt, eine gemeinsame Welt zu bevölkern.

Es gehört zu den großen optischen Täuschungen der Globalisierung des 21. Jahrhunderts, dass nur mobile Menschen wirklich kosmopolitisch sind und dass nur jene, die sich an verschiedenen Orten zu Hause fühlen, eine universalistische Perspektive haben. Tatsächlich aber verließ der Weltbürger schlechthin, Immanuel Kant, seine Heimatstadt Königsberg nie. Königsberg gehörte im Laufe der Zeit zu verschiedenen Reichen, aber Kant zog es immer vor, dortzubleiben. Das heutige Paradoxon von Globalisierung oder Deglobalisierung begann vielleicht schon mit ihm. Covid-19 hat die Welt mit Weltoffenheit infiziert, während es die Staaten gegen die Globalisierung einnahm.

Dank

Ich möchte José Ignacio Torreblanca danken, der mich Mitte März 2020 für die ECFR-Website interviewte und mich so drängte, meine Reflexionen über die Krise, auf die wir alle gerade erst zusteuerten, ein wenig zu ordnen. Die überzeugende Beharrlichkeit meiner deutschen Lektorin Maria Barankow und meines Literaturagenten Toby Mundy brachten mich dazu, meine Gedanken in Buchform darzulegen, und ich bin ihnen dafür dankbar. Toby Mundy und Lenny Benardo haben mich durch jede einzelne Seite des Buches begleitet und meinen Gedanken Klarheit und Stil gegeben. Nicht genug danken kann ich auch Yana Papazova für ihre Unterstützung. Alex Soros, Alexander Andreev, Antoinette Primatarova, Bilyana Kourtasheva, Bruce Jackson, Daniel Smilov, Dessi und Anri Kissilenko, Deyan Kiuranov und Lili Alexandrieva, Georgi Gospodinov, Ivan Vejvoda, Ludger Hagedorn, Mila Ganeva, Milla Mineva, Momchil Metodiev, Nev Andreeva, Nick Humphrey, Ralitsa Peeva, Ruzha Smilova, Stephen Holmes, Thomas Bagger, Venelin Ganev und Vessela Tcherneva haben kluge Kommentare beigesteuert, die das

Buch sehr bereichert haben. Ihnen allen schulde ich großen Dank, während ich für die Unzulänglichkeiten des Buches ganz allein verantwortlich zeichne.

Über den Autor

Ivan Krastev, geboren 1965 in Bulgarien, ist Vorsitzender des Centre for Liberal Strategies in Sofia und Permanent Fellow am Institut für die Wissenschaften vom Menschen in Wien, wo er den Schwerpunkt »Die Zukunft der Demokratie« leitet. Der vielfach preisgekrönte Autor schreibt für die internationale Ausgabe der *New York Times*. 2019 erschien im Ullstein Verlag sein viel beachtetes Werk *Das Licht, das erlosch*, für das er den Jean-Améry-Preis für europäische Essayistik gewann.

Anmerkungen

1. Dante Alighieri, *Inferno: Die Göttliche Komödie*, übers. v. Karl Witte, München 2007, S. 5.
2. Albert Camus, *Die Pest*, übers. v. Uli Aumüller, Reinbek 2020, S. 82.
3. Ebenda, S. 208.
4. Joseph Brodsky, *Marmor*, übers. v. Peter Urban, München 1988, S. 54.
5. National Intelligence Council, Mapping the Global Future: Report of the National Intelligence Council's 2020 Project, Pittsburgh 2004. https://www.dni.gov/files/documents/Global%20Trends_Mapping%20the%20Global%20Future%202020%20Project.pdf.
6. Laura Spinney, *1918 – Die Welt im Fieber*, übers. v. Sabine Hübner, München 2018, S. 12. Die Angaben zur Zahl der Opfer der Spanischen Grippe schwanken deutlich. Der NIC bietet eine konservative Zahl der bestätigten Opfer, Laura Spinney stützt sich bei ihren Schätzungen auf neuere Quellen.
7. H. L. Roediger und M. Abel, »Collective memory: a new arena of cognitive study«, in: *Trends in Cognitive Sciences* 19/7, 2015, S. 359ff., zitiert nach Spinney, *1918*, S. 341.
8. William James, *Memory and Studies*, New York 1911, S. 272.
9. Carlo Rovelli, »Coronavirus, a lezione di umiltà: siamo fragili ne usciremo uniti«, *Corriere della Sera*, 1. April 2020. https://www.corriere.it/esteri/20_aprile_01/coronavirus-lezione-umilta-siamo-fragili-ne-usciremo-uniti-6a285592-7448-11ea-b181-d5820c4838fa.shtml.
10. Charles Rosenberg, *Explaining Epidemics*, Cambridge 1992, S. 279.
11. Ebenda.
12. Svetlana Boym, *The Svetlana Boym Reader*, hg. v. Cristina Vatulescu, Ta-

mar Abramov, Nicole G. Burgoyne, Julia Chadaga, Jacob Emery, Julia Vaingurt, New York 2018, S. 217.

13. Ivan Krastev, »Sieben Schlüsse aus der Coronavirus-Krise«, *Die Zeit*, 20. März 2020. https://www.zeit.de/gesellschaft/2020-03/coronavirus-pandemie-auswirkungen-folgen-panik-wirtschaft-zukunft-europa.
14. Rachel Kleinfeld, »Do Authoritarian or Democratic Countries Handle Pandemics Better?«, *CEIP*, 31. März 2020. https://carnegieendowment.org/2020/03/31/do-authoritarian-or-democratic-countries-handle-pandemics-better-pub-81404.
15. David Runciman, »Coronavirus has not suspended politics – it has revealed the nature of power«, *Guardian*, 27. März 2020.
16. Astra Taylor, »The Rules We've Lived by Won't All Apply«, in: »Coronavirus Will Change the World Permanently. Here's How«, *Politico*, 19. März 2020. https://www.politico.com/news/magazine/2020/03/19/coronavirus-effect-economy-life-society-analysis-covid-135579.
17. Walter Bagehot, *Die englische Verfassung*, übers. v. Klaus Streifthau, Neuwied/Berlin 1971, S. 69.
18. Wiktor Schklowski , »Iskusstwo kak priem« (Kunst als Verfahren), in: *Sborniki po teorii poeticeskogo jazyka*, Bd. 2, Petrograd 1916.
19. Adam Tooze, »The Normal Economy Is Never Coming Back«, *Foreign Policy*, 9. April 2020. https://foreignpolicy.com/2020/04/09/unemployment-coronavirus-pandemic-normal-economy-is-never-coming-back/.
20. Chiara Pagano, »From National Threat to Oblivion«, *Eurozine*, 2. April 2020: https://www.eurozine.com/from-national-threat-to-oblivion/.
21. Zygmunt Bauman, *Der Mensch im Globalisierungskäfig*, Frankfurt am Main 2003.
22. A. Wess Mitchell und Charles Ingrao, »Emperor Joseph's Solution to Coronavirus«, *Wall Street Journal*, 6. April 2020: https://www.wsj.com/articles/emperor-josephs-solution-to-coronavirus-11586214561.
23. »Portugal to treat migrants as residents during coronavirus crisis«, Reuters, 28. März 2020: https://uk.reuters.com/article/uk-health-coronavirus-portugal/portugal-to-treat-migrants-as-residents-during-coronavirus-crisis-idUKKBN21F0MC?fbclid=IwAR0acRUKh5JwK6P0ZJo7HZeLXSR-DEWLLtog88uBj5UPAQVvxE6rIGKhy1Y. Vgl.: Jürgen Klute, »Portugal stellt Migranten und Asylsuchende während der Coronakrise portugiesischen Bürgern gleich«, *europablog*, 29. März 2020. https://europa.blog/

portugal-stellt-migranten-und-asylsuchende-wahrend-der-corona-krise-portugiesischen-burgerinnen-gleich/.

24. Charles S. Maier, *Once Within Borders*, Cambridge (Mass.) 2016.
25. Ebenda, S. 48.
26. Stephen Holmes, persönliches Gespräch.
27. David Goodhart, *The Road to Somewhere. Wie wir Arbeit, Familie und Gesellschaft neu denken müssen*, München 2020.
28. Bruno Latour, *Das terrestrische Manifest*, übers. v. Bernd Schwibs, Berlin 2018.
29. »Alarm as 2 billion people have parliaments shut or limited by COVID-19«, *openDemocracy*, 8. April 2020: https://www.opendemocracy.net/en/5050/alarm-two-billion-people-have-parliaments-suspended-or-limited-covid-19/
30. Steven Levitsky und Daniel Ziblatt, *Wie Demokratien sterben. Und was wir dagegen tun können*, übers. v. Klaus-Dieter Schmidt, München 2018.
31. David Runciman, *So endet die Demokratie*, übers. v. Ulrike Bischoff, Frankfurt am Main 2020.
32. Interview mit dem EVP-Vorsitzenden Donald Tusk, »Was die Wirtschaft angeht, brauchen wir einen Blitzkrieg«, *Der Spiegel*, 21. April 2020. https://www.spiegel.de/politik/ausland/donald-tusk-was-die-wirtschaft-angeht-brauchen-wir-einen-blitzkrieg-a-e46f8eb9-426f-4f83-bbfe-6600c18391c5 .
33. Der ungarische Ministerpräsident selbst sagte, Ungarn sei eine illiberale Demokratie.
34. »The ›Ostrich Alliance‹: The Leaders Denying the Coronavirus Threat«, *Financial Times*, 17. April 2020: https://www.ft.com/content/974dc9d2-77c1-4381-adcd-2f755333a36b.
35. Ira Katznelson, *Fear Itself: The New Deal and the Origins of Our Time*, New York 2014, S. 33.
36. Marcel Reich-Ranicki, *Mein Leben*, München 2005, S. 40f.
37. Mark Hannah und Caroline Gray, »*Global Views of American Democracy: Implications for Coronavirus and Beyond*«, EGF-Report, April 2020. https://egfound.org/stories/independent-america/modeling-democracy/#china.
38. »Germany says China sought to encourage positive COVID-19 comments«, *Reuters*, 26. April 2020. https://www.reuters.com/article/us-health-coronavirus-germany-china/germany-says-china-sought-to-

encourage-positive-covid-19-comments-idUSKCN2280JW. Vgl.: »Chinesische Einflussversuche auf deutsche Beamte bestätigt«, *Die Zeit*, 26. März 2020. https://www.zeit.de/politik/deutschland/2020-04/coronavirus-china-beamte-einflussnahme-bundesregierung.

39. Jamil Anderlini, »Why China is Losing the Coronavirus Narrative«, *Financial Times*, 19. April 2020. https://www.ft.com/content/8d7842fa-8082-11ea-82f6-150830b3b99a.
40. John Updike, *Rabbit in Ruhe*, übers. v. Maria Carlsson, Reinbek 2017, S. 566.
41. Italo Calvino, *Der Tag eines Wahlhelfers*, in: *Schwierige Liebschaften. Gesammelte Erzählungen*, übers. v. Heinz Riedt, Frankfurt am Main 2019, S. 549.
42. »Bill Gates' brutal reality check on the coronavirus reopening«, *Axios*, 24. April 2020. https://www.axios.com/bill-gates-coronavirus-reopening-warning-a3e14558-9b71-40b4-9ca5-16edafe67dee.html.
43. Siegfried Kracauer, *Von Caligari zu Hitler. Eine psychologische Geschichte des deutschen Films*, Frankfurt am Main 1979, S. 60f.
44. Elias Canetti, *Die Fackel im Ohr*, München 1980, S. 231.
45. Thomas L. Friedman, »The Square People«, *New York Times*, 13. Mai 2014. https://www.nytimes.com/2014/05/14/opinion/friedman-the-square-people-part-1.html.
46. Benedict Evans, »COVID and forced experiments«, *ben-evans.com*, 13. April 2020. https://www.ben-evans.com/benedictevans/2020/4/13/covid-and-forced-experiments.
47. Michelle Baddeley, *Copycats and Contrarians*, New Haven 2018, S. 6.
48. Frank H. Knight, *Risk, Uncertainty, and Profit*, New York 1921.
49. P. J. Proudhon, *General Idea of the Revolution in the Nineteenth Century*, Honolulu 2004, S. 294.
50. Giorgio Agamben, »Lo stato d'eccezione provocato da un'emergenza immotivata«, *Il manifesto*, 26. Februar 2020. https://ilmanifesto.it/lo-stato-deccezione-provocato-da-unemergenza-immotivata/?fbclid=IwAR17ciygOzmIpolNxACx8WMoRzrPpePx-JMN0Tns7ni69ZfwO_QzmHYeYXVk%5C.
51. Angenommen, jemand, der weiß, wie man eine Zeitbombe entschärfen kann, die ansonsten bald viele Menschen töten wird, befindet sich in den Händen der Behörden, und angenommen, dass er seine Informationen nur unter Folter preisgeben wird – darf man ihn foltern?

52. Ira Katznelson, *Fear Itself: The New Deal and the Origins of Our Time*, New York 2014, S. 32.
53. Ewa Atanassow und Ira Katznelson, »Governing Exigencies: On Liberal Democracy and National Security«, in: *The Governance Report 2017*, Hertie School of Governance, Oxford 2017, S. 95–110.
54. Ruth Renée Reif, „Europa ist von Traurigkeit ergriffen", taz 03. Juni 2014. https://taz.de/Schriftsteller-Georgi-Gospodinov/!5040940/.
55. José Saramago, *Die Stadt der Blinden*, übers. v. Ray-Güde Mertin, Hamburg 2014.
56. Ebenda, S. 398.
57. Jason Willick, »How Epidemics Change Civilizations«, *Wall Street Journal*, 27. März 2020. https://www.wsj.com/articles/how-epidemics-change-civilizations-11585350405
58. Gideon Rachman, »Nationalism is a Side Effect of Coronavirus«, *Financial Times*, 23. März 2020. https://www.ft.com/content/644fd920-6cea-11ea-9bca-bf503995cd6f.
59. Vladimir Bogoeski, »Die Teufelsmühle«, *IPS Journal*, 30. April 2020. https://www.ipg-journal.de/regionen/europa/artikel/detail/die-teufelsmuehle-4317/.